ÉTUDE ÉLÉMENTAIRE

SUR

LES ANIMAUX DOMESTIQUES

A L'USAGE

DES ÉLÈVES DES FERMES-ÉCOLES

PAR

E. CIROTTEAU,

MÉDECIN-VÉTÉRINAIRE DU DÉPARTEMENT DE LA VIENNE,
MEMBRE DE LA SOCIÉTÉ DE MÉDECINE, DE LA SOCIÉTÉ D'AGRICULTURE,
DU CONSEIL D'HYGIÈNE PUBLIQUE ET DE SALUBRITÉ
DE LA VILLE DE POITIERS.

« Le plus précieux et le plus rare de tous
« les biens est l'amour de son état. Il n'y a
« rien que l'homme connaisse moins que
« le bonheur de sa condition. »
(D'AGUESSEAU.)

OUDIN FRÈRES, LIBRAIRES-ÉDITEURS,

| POITIERS | PARIS |
| RUE DE L'ÉPERON, 4. | RUE BONAPARTE, 68. |

1876

ÉTUDE ÉLÉMENTAIRE

SUR

LES ANIMAUX DOMESTIQUES

A L'USAGE

DES ÉLÈVES DES FERMES-ÉCOLES

PAR

E. CIROTTEAU,

MÉDECIN-VÉTÉRINAIRE DU DÉPARTEMENT DE LA VIENNE,
MEMBRE DE LA SOCIÉTÉ DE MÉDECINE, DE LA SOCIÉTÉ D'AGRICULTURE,
DU CONSEIL D'HYGIÈNE PUBLIQUE ET DE SALUBRITÉ
DE LA VILLE DE POITIERS.

« Le plus précieux et le plus rare de tous
« les biens est l'amour de son état. Il n'y a
« rien que l'homme connaisse moins que
« le bonheur de sa condition. »
(D'AGUESSEAU.)

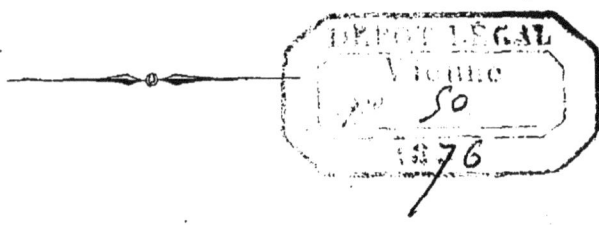

OUDIN FRÈRES, LIBRAIRES-ÉDITEURS,

POITIERS	PARIS
RUE DE L'ÉPERON, 4.	RUE BONAPARTE, 68.

1876

A MONSIEUR

C. LEMBEZAT,

INSPECTEUR GÉNÉRAL DE L'AGRICULTURE

POUR LA CIRCONSCRIPTION *Centre-Ouest.*

PRÉFACE

Ces leçons très-élémentaires sont destinées spécialement aux élèves des Fermes-Écoles.

Elles ont pour but de les familiariser avec la connaissance des animaux domestiques, et de leur faire aimer ces précieux serviteurs de l'homme.

Nous ne cherchons pas à faire des savants, ni même des demi-savants. Nous n'avons d'autre but que de contribuer à répandre parmi les habitants des campagnes ces quelques notions, dont la nécessité, au temps où nous vivons, est tellement évidente, qu'il serait puéril de chercher à la démontrer.

Buffon, qui comprenait si bien l'importance de l'étude des animaux domestiques au point de vue des ressources qu'ils nous offrent, a dit :

« Autrefois ils faisaient toute la richesse des
« hommes ; aujourd'hui ils sont encore la base
« de l'opulence des Etats, qui ne peuvent se
« soutenir et fleurir que par la culture des
« terres et par l'abondance du bétail. »

Etre utile : tel est le but que nous nous sommes proposé. Puissions-nous l'avoir atteint !

PREMIÈRE LEÇON

AUX ÉLÈVES

DE LA FERME-ÉCOLE DE MONTLOUIS

14 OCTOBRE 1875.

> « Le plus précieux et le plus rare de tous
> « les biens est l'amour de son état. Il n'y
> « a rien que l'homme connaisse moins que
> « le bonheur de sa condition. »
> (D'AGUESSEAU.)

Je viens aujourd'hui vous adresser quelques mots, pour vous dire comment je comprends la mission qui m'est confiée à la Ferme-École, et vous donner le canevas des divers sujets dont j'aurai à vous entretenir pendant les deux années que vous passerez à l'école :

« *Je suis chargé de vous donner des notions sur l'étude des animaux domestiques, en général.* »

Ce n'est plus à notre époque, Dieu merci, qu'il est besoin d'entrer dans de longs détails sur l'importance qu'ont, en agriculture, les animaux domestiques. Personne, j'imagine, ne contestera que les bestiaux, en général, ne soient l'axe sur lequel tourne l'exploitation rationnelle et scientifique de la terre. Tel bétail, telle agriculture peut-on dire ; et cela se comprend, car du moment que tout s'enchaîne, le nombre, la qualité des animaux, entraînent des manières d'exploiter, des cultures qui changent ou peuvent changer de fond en comble l'assolement.

Aujourd'hui, une réaction se prépare : l'agriculture devient à la mode, on s'y livre davantage, et surtout on en parle beaucoup ; il s'en dépense énormément dans les discours : il n'en faut pas plus pour amener les intelligences vers cette branche dans un temps prochain. Les comptes-rendus des différents concours agricoles qui ont eu lieu cette année en sont encore une preuve ; car, dans toutes ces solennités, les questions agricoles ont été traitées à tous les points de vue.

Mais ce qui manque généralement, ce sont des organes vulgarisateurs de la science agricole ; c'est un enseignement simple, qui aille trouver le cultivateur chez lui, qui s'offre à chaque instant, qui s'impose à lui par la confiance qu'inspire le travail ; un enseignement qui sache joindre l'exemple au précepte, qui puisse revenir à la charge autant de fois que cela est nécessaire; un enseignement enfin qui soit verbal et de tous les instants.

Et bien ! *les élèves sortant des fermes-écoles*, par la nature de leurs études et de leurs relations, sont, à mon avis, les plus aptes à remplir cette tâche. Être là, toujours là, dire à son vieux père, tout en respectant son autorité, que tel animal perfectionné lui coûtera moins à nourrir ; que son assolement suivi doit être modifié ; que le jus de son fumier qui se perd continuellement doit être recueilli, car il est le principe le plus actif de son engrais ; que la distribution intelligente des cultures, de façon à ce que la terre, récupérant à temps ce que celles-ci lui enlèvent, ne soit jamais épuisée, etc.

C'est au bout d'un champ, sur le chemin ou dans une étable, c'est en passant, c'est partout, c'est toujours, que l'ancien élève doit faire savoir à tous ce qu'il a appris.

Comme vous le voyez, les fermes-écoles sont donc destinées à produire d'excellents résultats. Étant bien pénétré de cette vérité, je poursuivrai ma tâche avec toute l'ardeur dont je suis capable, certain que je suis qu'il m'est permis de compter sur le bienveillant concours de votre honorable Directeur, dont le savoir n'a d'égal que son dévouement aux choses agricoles.

Le cours que j'ai l'intention de vous faire sera théorique et pratique, et je dirai même que le côté pratique sera celui auquel j'accorderai la préférence.

Les matières traitées seront divisées en deux catégories assez distinctes.

Dans la première se placera :

1º Considérations générales sur l'organisation des animaux domestiques. Cette question sera toujours ramenée le plus possible aux principes élémentaires d'anatomie et de physiologie sans lesquels il est impossible de comprendre les questions zootechniques.

2º Étude de l'extérieur des animaux domestiques faite pour que les questions pratiques y trouvent tous les développements possibles. C'est ainsi que l'étude de l'âge des animaux, l'importance des tares osseuses, figureront parmi les points principaux des leçons; j'aurai soin de faire des démonstrations sur les animaux mêmes.

3º Quelques développements sur l'art d'approcher les animaux, de s'en rendre maître, de les apprécier commercialement parlant, sur les soins à donner à la ferrure, compléteront cette première partie.

Dans la seconde partie :

Je m'occuperai spécialement des questions suivantes :

1º Hygiène générale des animaux domestiques, logement, pansage, nourriture, travail.

2º Étude du choix des animaux pour le travail, la boucherie, la production laitière ; application pratique des données relatives à chacune de ces questions.

3º Énoncé de quelques soins à donner aux animaux malades, en attendant l'arrivée du vétérinaire.

4º Études particulières des soins hygiéniques à donner aux femelles pleines et à celles arrivées au terme de la gestation.

5º Quelques notions sur les vices rédhibitoires, et

sur la conduite à tenir pour la mise en règle, en cas de vice rédhibitoire soupçonné.

Ce sont ces divers sujets d'étude qui fourniront la matière pour nos entretiens familiers.

Je dois dire que les ouvrages de Messieurs Magne et André Sanson m'ont été d'un grand secours pour mes différentes leçons.

PREMIÈRE PARTIE.

Tout d'abord nous allons classer les espèces d'animaux domestiques de la manière suivante. — Cette classification est adoptée par le gouvernement pour les concours régionaux, parce qu'elle est simple et qu'elle ne laisse cependant de côté *aucune* de nos bêtes de ferme :

Nous distinguerons quatre catégories, savoir les espèces :

1° Bovine, ou les bœufs, vaches, taureaux ;

2° Ovine, ou les moutons ;

3° Porcine, ou les porcs, plus communément appelés *cochons* dans la campagne ;

4° Chevaline, c'est-à-dire les chevaux, juments et leurs analogues, tels que l'âne et le mulet.

Dans une cinquième catégorie figureront les oiseaux de basse-cour : poules, dindes, oies, canards, pintades, pigeons, et nous y joindrons les lapins, qui sont soignés avec la volaille.

Le cheval, le bœuf, le mouton et la chèvre, sont des animaux *herbivores* : ils ne se nourrissent que de substances fournies par le règne végétal.

Le bœuf, le mouton et la chèvre sont appelés *ruminants*, parce que ces animaux ont la faculté de ruminer, acte naturel, au moyen duquel ils font revenir à la bouche les aliments introduits une première fois dans l'estomac pour être de nouveau broyés.

Le porc est *omnivore*, car il se nourrit de matières végétales et de matières animales.

Le chien est *carnivore* ou *carnassier* ; il ne se nourrit naturellement que de substances tirées des animaux.

ORGANISATION DES ANIMAUX DOMESTIQUES.

Cette étude prend le nom d'*anatomie* : ainsi, l'anatomie est la science de l'organisation en général.

Le corps de tous les animaux se compose de matières solides et liquides.

La partie solide du corps est formée par les os ; et l'assemblage de tous les os d'un seul et même animal constitue un *squelette*.

Le squelette a la forme et les dimensions du corps. On le divise en *tête*, *tronc* et *membres*.

1° *La tête* est la partie antérieure et supérieure du squelette ; elle renferme le cerveau et les organes des sens.

2° *Le tronc*, supporté par les membres, s'étend de

la tête à l'extrémité de la queue. Il forme trois cavités : *le canal osseux des vertèbres*, dans lequel loge la moelle épinière ; *la poitrine et le bassin*. Dans l'espace compris entre les deux cavités, il en est une troisième, occupée par *le ventre* chez l'animal vivant.

3º *Les membres* sont au nombre de quatre : deux antérieurs et deux postérieurs; les articulations dont ils sont pourvus les destinent aux mouvements.

TÊTE. — La tête présente la forme d'un cône irrégulier dont la base est en haut; elle se compose de deux parties principales, le crâne et les mâchoires.

Le crâne est une espèce de boîte osseuse, de forme ovalaire, qui occupe toute la partie supérieure et postérieure de la tête, et qui est destinée à contenir le cerveau.

Les mâchoires sont divisées en mâchoire supérieure et mâchoire inférieure.

La supérieure est formée par le maxillaire supérieur qui loge les dents molaires supérieures.

La mâchoire inférieure a pour base le grand maxillaire inférieur, qui est formé de deux branches réunies en un seul os. Ces branches représentent un V romain. L'écartement des deux branches laisse un espace vide qu'on appelle en anatomie le *canal* ou l'*auge*.

Le maxillaire inférieur loge les dents molaires inférieures. Au pourtour de chacune des deux mâchoires, il y a des cavités disposées, en haut comme en bas, sur une ligne courbe allongée ; ce sont *les alvéoles.* Ces cavités sont destinées à recevoir chacune une dent qui y est articulée par implantation.

Les dents faisant saillie dans la bouche composent par leur réunion *les deux arcades dentaires.*

Dans la bête bovine, la chèvre et mouton, l'arcade dentaire supérieure n'est pas complète ; les incisives supérieures manquent ; au lieu d'alvéoles, la mâchoire présente une surface rugueuse sur laquelle est attaché un bourrelet cartilagineux qui tient lieu de dents.

TRONC. — Le tronc est formé par *la colonne vertébrale*, *les côtes*, *le sternum* et *les os du bassin.*

La colonne vertébrale, aussi appelée *colonne épinière*, *épine dorsale*, *rachis*, est la partie la plus importante du squelette ; elle sert de soutien à toutes les autres. Elle est composée d'un grand nombre de petits os appelés *vertèbres.*

On distingue dans la colonne vertébrale une portion *cervicale*, ou de l'encolure ; une portion *dorsale*, ou du dos ; une portion *lombaire*, ou des reins ; et une portion *coccygienne.*

On appelle *coccyx* ou, plus généralement, os de la queue, une vingtaine de petites vertèbres terminant la colonne vertébrale.

Les côtes, au nombre de trente-six, dix-huit de chaque côté chez le cheval, vingt-huit seulement chez le porc et vingt-six chez le bœuf et le chien, sont des arceaux longs, aplatis, s'articulant supérieurement avec les vertèbres, et dont l'extrémité inférieure se joint au *sternum*. Les côtes forment une cage osseuse destinée à loger le cœur et les poumons.

Le sternum est un os courbé qui soutient inférieurement la poitrine et sur lequel s'attachent les côtes.

Le bassin ou *os coxal* résulte de la soudure de trois pièces principales. On les appelle *iléon*, *ischion* et *pubis*.

Les *coxaux*, par la partie que l'on nomme *iléon*, forment la base de la hanche, et par la partie que l'on appelle *ischion* ils constituent la pointe de la fesse.

MEMBRES ANTÉRIEURS. — Les membres antérieurs fixés sur les côtes se partagent en quatre rayons distincts :

L'épaule, *le bras*, *l'avant-bras* et *le pied*.

L'épaule a pour base le *scapulum* ou *omoplate*.

Le bras est formé par un os long, nommé *humérus*.

L'avant-bras est composé de deux os, *le radius* et *le cubitus*. Au-dessous se trouve le genou ou *le carpe*. « Là commence le pied pour les animaux », composé de sept os courts, formant deux rangées superposées, la première de quatre os, et la seconde de trois; puis le *canon*, ou *métacarpe*, composé de trois os, dont deux rudimentaires sont appelés *péronés*.

Dans le bœuf et le mouton, le canon présente un sillon longitudinal qui semble se séparer en deux.

Après le canon vient *le paturon*, formé par la première phalange; la seconde phalange forme *la couronne*, et la troisième, ou os *du pied*, se trouve dans l'intérieur du sabot.

Les trois phalanges sont doubles dans l'espèce bovine et ovine.

MEMBRES POSTÉRIEURS. — Les membres postérieurs sont, comme les membres antérieurs, divisés en quatre rayons : *la hanche, la cuisse, la jambe* et *le pied*.

La hanche est formée par un grand os plat, *le coxal*.

La cuisse se compose d'un seul os que l'on nomme *fémur*.

La jambe est composée de trois os dont un principal, *le tibia*. Les deux autres sont *le péroné* et *la rotule*.

Puis vient le jarret, ou *le tarse*, formé de six os courts, placés sur trois rangs ; l'un des os, nommé *le calcanéum*, forme la pointe du jarret.

Les autres rayons inférieurs des membres sont semblables à ceux des membres antérieurs dont nous avons déjà parlé ; seulement, dans les membres postérieurs, le canon est formé par un os principal nommé *métatarsien*, au lieu de *métacarpien* pour les membres antérieurs.

DES MUSCLES.

Les os, ne pouvant se mouvoir par eux-mêmes, ne se déplacent que par l'action des masses charnues qui les entourent ; ces masses sont les *muscles*.

Ils sont composés de fibres rouges réunies en

faisceaux ; le centre est charnu ; aux deux extrémités sont attachées des cordes blanches nacrées nommées *tendons*. C'est par l'intermédiaire de ces tendons qu'a lieu l'attache des muscles sur les os. Le centre ou la partie charnue des muscles est la seule agissante ; lorsqu'elle se contracte, le muscle se raccourcit, se gonfle, les deux extrémités se rapprochent, en tirant les parties auxquelles elles sont fixées, et de cette manière s'opère le mouvement.

Les muscles d'un animal sont fort nombreux ; ils portent généralement le nom de la région qu'ils occupent : ainsi nous avons les muscles de la tête, les muscles de l'encolure, les muscles du dos et des reins, les muscles de l'abdomen et de la poitrine, les muscles de l'épaule, et les muscles des membres destinés à la flexion ou à l'extension ; les premiers sont les fléchisseurs et les seconds sont les extenseurs.

II.

DES ANIMAUX DOMESTIQUES A L'ÉTAT DE SANTÉ. — EXTÉRIEUR.

L'extérieur des animaux comprend cette branche de la médecine vétérinaire qui enseigne à reconnaître, par l'examen de la conformation extérieure, les bonnes ou les mauvaises qualités d'un animal, les tares qui diminuent sa valeur et les particularités qui le rendent plus ou moins propre au service auquel on le destine.

Dans l'étude de l'extérieur, le cheval est ordinairement pris pour type, et, afin de procéder sans confusion, on l'a divisé en AVANT-MAIN, en CORPS et en ARRIÈRE-MAIN.

Supposons un cheval monté, et représentons-nous les parties qui se trouvent en avant du cavalier (*avant-main*), celles qu'il embrasse (*corps*), celles qui sont derrière lui (*arrière-main*), et nous aurons une idée exacte de ces trois grandes divisions.

Nous suivrons la même marche pour les autres animaux.

Ces trois grandes divisions se subdivisent à leur tour, et chacune des parties qui en font l'objet comprend un assez grand nombre de régions secondaires auxquelles on a donné des dénominations spéciales, et qui complètent le contour extérieur des animaux.

AVANT-MAIN.

L'avant-main se subdivise en *tête, encolure, garrot, poitrail, épaules* et *membres antérieurs*.

Tête. — La tête est la masse pyramidale située en avant de l'encolure à laquelle elle est attachée; elle doit être légère et plutôt courte que longue; elle doit avoir le front large, l'œil vif et ouvert.

Les diverses parties dont se compose la tête sont :

1. Les oreilles.
2. Le toupet.
3. La nuque.
4. Le front.
5. Les tempes.
6. Les salières.
7. Les sourcils.
8. Les yeux.

9. Le chanfrein.
10. Les naseaux.
11. Le bout du nez.
12. Les lèvres.
13. La bouche.
14. Les barres.
15. Le palais.
16. La langue.
17. Les dents.
18. Le menton.
19. La barbe.
20. L'auge.
21. La ganache.

1. Les *oreilles* sont placées sur les côtés du sommet de la tête; elles se trouvent séparées par la nuque. Les poils dont leur surface interne est garnie s'opposent à l'entrée des corps étrangers.

On les dit *hardies* lorsqu'elles sont dirigées en avant pendant l'exercice : c'est un signe de vigueur.

Un cheval méchant ou chatouilleux, voulant mordre ou ruer, couche les oreilles en arrière, et celui qui durant la marche imprime à ces parties des mouvements télégraphiques a la vue mauvaise. Des oreilles pendantes sont disgracieuses; les chevaux qui les portent sont dits *oreillards*; trop longues, elles sont dites *de mulet*.

Dans l'espèce bovine, les oreilles doivent être larges, pendantes et très-mobiles.

2. Le *toupet*, bouquet de crins qui termine la partie supérieure de la crinière, et tombe sur le front entre les deux oreilles, ne doit jamais être coupé; sa longueur et sa finesse contribuent beaucoup au cachet du cheval.

La bête bovine ne possède pas de toupet; le sommet de la tête, entre les deux cornes, s'appelle *le chignon*.

3. La *nuque*, située à la partie supérieure de la tête, derrière le toupet et en avant de la crinière, unit la tête à l'encolure.

Très-large dans l'espèce bovine, la nuque acquiert surtout un grand développement chez le taureau. Le joug reposant sur cette partie, sa structure large, solide, et son intégrité sont importantes dans les bêtes de travail.

4. Le *front*, partie antérieure de la tête, s'étend du toupet à la naissance du chanfrein ; il doit être large et carré ; le front étroit indique le manque d'intelligence et d'énergie.

L'espèce bovine a le front large et élevé ; il se termine supérieurement par le *chignon*, grosse protubérance s'étendant d'une corne à l'autre.

Les cornes se détachent des deux côtés du chignon, elles sont fixées par une cheville osseuse ; elles présentent de grandes différences, suivant les races, dans leur longueur, leur couleur et leur direction. Quelques races en sont dépourvues. Les sillons, ou cercles de la base des cornes, peuvent servir à l'âge, ce qui fera le sujet d'une leçon particulière.

5. Les *tempes* sont situées à la partie latérale et externe du front, à la base des oreilles, où elles forment une saillie.

6. Les *sourcils* sont figurés par les contours voussés

qui se trouvent au-dessus des yeux. Les poils qui les recouvrent blanchissent avec l'âge.

7. Les *salières* représentent au-dessus de chaque sourcil un enfoncement plus ou moins prononcé, suivant que l'animal est vieux ou jeune, et surtout suivant son état de maigreur ou d'embonpoint.

8. Les *yeux* doivent être grands et brillants ; c'est d'eux que dépend la physionomie ; et s'ils sont consultés, on ne peut s'y tromper : ils reflètent la valeur ou l'apathie, la douceur ou la méchanceté. Deux voiles mobiles, les paupières, les recouvrent ; en soulevant les paupières, on aperçoit une membrane lisse, la conjonctive, dont la teinte aide à reconnaître l'animal malade.

9. Le *chanfrein*, borné supérieurement par le front et inférieurement par le bout du nez, forme, avec le front, la partie antérieure de la tête. Le chanfrein doit être large et droit.

Chez le bœuf, le chanfrein est plus court ; on apdelle *larmier* la partie de cette région située au-dessous de l'œil.

10. Les *naseaux* forment l'ouverture des conduits de la respiration ; ils doivent être amples et bien ouverts, mais naturellement, et non par suite de maladies qui les dilatent, telle que la *pousse*. En écartant ses naseaux, on aperçoit la muqueuse qui doit avoir un aspect rosé. Une membrane pointillée, pâle, blafarde, présentant des ulcères, des cicatri-

ces blanches, un écoulement nommé jetage, sont autant de signes de maladie.

Les naseaux du bœuf, percés dans l'épaisseur du mufle, sont moins mobiles et plus petits que ceux du cheval.

11. Le *bout du nez* est l'espace compris entre les naseaux et la lèvre supérieure ; il est très-mobile et d'une grande sensibilité chez le cheval.

Le bout du nez chez le bœuf prend le nom de *mufle* ; c'est une large surface couverte d'une rosée limpide, dont l'abondance est regardée comme un indice de santé. Le mufle, en effet, devient sec et rugueux, lorsqu'apparaît une maladie de quelque gravité. Le bout du nez chez le porc, circulaire, aplati et percé par les narines, s'appelle *groin*.

12. Les *lèvres*, distinguées en supérieure et inférieure, ferment la bouche ; elles sont très-mobiles et les organes du tact du cheval. Des chevaux vieux, épuisés, laissent pendre la lèvre inférieure.

13. La *bouche* est la cavité formée par les mâchoires et circonscrite par les lèvres ; c'est l'organe qui prend les aliments. Les chevaux communs ont généralement la bouche petite et les lèvres épaisses.

14. La *langue*, logée dans la bouche, dirige les aliments dans la mastication, c'est l'organe de la déglutition ; elle doit être mince et déliée : une langue épaisse déborde les barres, s'oppose aux effets de mors. Dans quelques chevaux, la langue est pendante par habitude ; dans d'autres, elle rentre et sort

à chaque instant : dans l'un et l'autre cas, c'est un défaut. Les cicatrices transversales, que la langue présente souvent n'ont pas d'inconvénient ; mais il n'en est pas de même si une portion de sa partie libre se trouve retranchée : dans ce cas, l'animal se nourrit mal.

La langue du bœuf, plus longue et plus rude que celle du cheval, lui sert à prendre les aliments et à s'essuyer le mufle et les naseaux. La surface est couverte de papilles cornées, rudes au toucher.

15. Les *barres* sont formées par l'intervalle qui sépare les dents incisives des dents molaires ; dans les chevaux mâles on rencontre les crochets à leur tiers inférieur. Ces parties servent d'appui au mors. Un mors mal ajusté, une main rude, des secousses peuvent blesser les barres et occasionner une carie de l'os.

16. Le *palais* est la partie supérieure de la bouche, dont il forme la voûte ; il est sensible et nerveux.

Pendant le travail de la dentition et d'autres maladies, le palais s'engorge et dépasse le niveau des incisives. On dit alors que l'animal a le lampas. Une incision faite au palais peut amener un dégorgement ; mais on ne saurait assez s'élever contre la pratique barbare consistant à brûler le lampas.

Les saillies du palais du bœuf sont plus prononcées et dentelées en arrière.

17. Les *dents* sont des corps solides très-durs, implantées dans les mâchoires. La jument en a 36,

le cheval 40. On les distingue en incisives, molaires et crochets.

Les incisives, au nombre de douze, dont six à l'extrémité de chaque mâchoire, sont placées à l'entrée de la bouche. La face supérieure, appelée table dentaire, offre un enfoncement rempli d'une matière noire. Le nom des incisives varie, suivant la place qu'elles occupent : les deux du milieu sont les *pinces*; celles qui les touchent immédiatement, les *mitoyennes*; les deux autres, situées en dehors, ont reçu le nom de *coins*.

Les incisives donnent les caractères les plus certains pour reconnaître l'âge du cheval.

Les molaires ou grosses dents sont au nombre de vingt-quatre ; on en compte douze de chaque côté, dont six supérieurement et six inférieurement.

Les crochets, au nombre de quatre, occupent l'espace interdentaire ou les barres ; on en rencontre un sur chaque barre. Ils appartiennent exclusivement au mâle.

Le bœuf possède trente-deux dents, dont vingt-quatre molaires et huit incisives ; ces dernières sont toutes implantées dans la mâchoire inférieure. A la mâchoire supérieure les dents sont remplacées par un bourrelet dur, contre lequel les incisives viennent appuyer. Ces dents ont la forme d'une pelle, et suivant leur position on les distingue en deux *pinces*, deux premières *mitoyennes*, deux secondes *mitoyennes* et deux *coins*.

18. Le *menton* est l'éminence arrondie que l'on voit à la lèvre inférieure, et que l'on appelle encore houppe du menton.

19. La *barbe* est située entre le menton et la ganache, représente le point sensible où vient appuyer la gourmette.

20. L'*auge* constitue l'espace formé par l'écartement des deux branches de la mâchoire, elle doit être exempte de toute espèce de glandes ou tumeurs.

21. La *ganache* circonscrit l'auge; on donne ce nom aux contours de la mâchoire inférieure. La ganache du bœuf est moins forte que celle du cheval.

ENCOLURE. — Placée entre la tête et le corps.

Elle doit être proportionnée au reste du corps. Au bord supérieur est implantée la crinière qui est l'ornement de l'encolure; ses crins doivent être fins, longs et soyeux; il ne faut jamais les couper. Il y a deux sillons de chaque côté de l'encolure qu'on nomme gouttières des jugulaires. C'est dans ce sillon que sont situées les veines jugulaires auxquelles on pratique habituellement la saignée.

La base du cou est formée par sept os dits vertèbres cervicales.

L'encolure des bêtes bovines est dépourvue de crinière; mais inférieurement elle porte un repli de la peau, s'étendant sous le poitrail, et que l'on appelle *fanon*. Le fanon est en général peu développé dans les races qui ont le plus de propension à l'engraissement.

Garrot. — Fait suite à la partie supérieure de l'encolure, c'est lui qui lie l'avant-main au corps. De sa hauteur, de sa sécheresse et de sa prolongation vers le dos dépendent le brillant, la vitesse et la force. Lorsque le garrot est épais, bas et court, le cheval se blesse facilement en service, et il n'est jamais d'une grande solidité dans les allures.

Bas et large dans l'espèce bovine, l'élévation du garrot est aussi désirable que chez le cheval, surtout pour les bêtes de travail, pourvu qu'il ne descende pas brusquement, ce qui constituerait un défaut.

Le Poitrail a pour base la partie antérieure du *sternum*, c'est la face antérieure de la poitrine. Le poitrail doit être ouvert sans être trop large ; un peu de largeur n'est pas une défectuosité dans le cheval de trait, pas plus que les épaules un peu rapprochées ne sont à redouter dans le cheval aux allures vives, si toutefois la poitrine est suffisamment développée dans sa hauteur.

Le pli formé par la réunion de l'avant-bras avec le poitrail se nomme *ars*.

Le grand développement du poitrail est recherché dans les races bovines, principalement dans les bêtes destinées à la boucherie.

Membres antérieurs.

Épaule et bras. — Ces deux régions, qui forment les rayons supérieurs des membres de devant, sont confondues en une masse appliquée contre la poitrine.

Une épaule inclinée donne de la légèreté à l'avant-main et facilite les mouvements. Des épaules un peu chargées sont recherchées dans les chevaux de gros traits, à cause de l'appui qu'elles offrent au collier.

L'épaule du bœuf est plus saillante, surtout à la pointe ; l'inclinaison et le volume sont des qualités ; un enfoncement derrière l'épaule constitue un défaut.

AVANT-BRAS ET COUDE. — C'est la première partie du membre qui se détache du corps ; vue latéralement, elle doit se présenter large, c'est un indice de force. Vers le milieu de la face interne de l'avant-bras, se trouve une production cornée, qui a reçu le nom de *châtaigne*.

A la partie supérieure et postérieure de l'avant-bras existe le coude, formé par la tête du *cubitus*. Lorsque le coude ne suit pas une ligne droite, les membres ne sont plus dans leur aplomb ; il peut dévier de la ligne droite en dedans ou en dehors. Dans le premier cas, le cheval est *panard* ; il est *cagneux* dans le second.

L'avant-bras du bœuf est plus court, mais plus volumineux que celui du cheval.

Le *genou* est la partie qui assemble l'avant-bras avec le canon ; nous avons dit qu'il était composé de sept petits os qui forment l'articulation ; il doit être large et uni, il doit suivre la ligne perpendiculaire commencée par l'avant-bras. Le cheval dont le genou incline en avant est dit *arqué* ; incliné en arrière et concave, on l'appelle *creux* ; la déviation en dedans lui fait donner le nom de *genou de bœuf*. Cette dernière conformation est naturelle au bœuf.

Le *canon* s'étend depuis le genou jusqu'au boulet ; il doit être gros et court : s'il est long et menu, c'est un signe de faiblesse et de peu de vitesse dans les allures. Le canon devient le siége de tumeurs osseuses appelés *suros*. Le suros est simple quand il n'en existe qu'un ; *chevillé* s'il y a en deux, placés un de chaque côté, et vis-à-vis l'un de l'autre. La *fusée* est une série de petits suros qui se suivent.

Le canon du bœuf, très-court, s'élargit vers le boulet, où le membre se divise.

Tendon. — On appelle ainsi la corde qui se trouve à la surface postérieure du canon. S'il est bien séparé, il indique la force ; rétréci, comme étranglé au-dessous du genou, il reçoit la dénomination de *tendon failli*.

Les tendons sont très-sujets à un engorgement douloureux qu'on appelle *nerf-ferrure* ou encore *effort du tendon*, qui détermine toujours de la boiterie.

Le tendon du bœuf est fort, et s'élargit inférieurement ; il est plus rapproché du canon que sur le cheval.

Le *boulet* se forme de l'articulation du canon avec le paturon ; il doit être osseux, gros, et placé perpendiculairement avec le canon et le genou.

Les boulets qui sont petits et ronds sont promptement usés, et alors ils s'engorgent, se tuméfient, se dévient en avant, et perdent leur aplomb au point d'enlever au cheval sa solidité ; et, dans ce dernier cas, il est dit *bouleté*.

Au pourtour du boulet se développent des tumeurs molles connues sous le nom de *molettes*.

Les *atteintes* sont des blessures situées en dedans du boulet, et produites par l'animal lui-même, quand il a le défaut de se couper.

Le boulet porte à sa partie postérieure une petite *châtaigne* recouverte d'un paquet de poils d'autant plus courts et rares que le cheval a plus de sang, et d'autant plus abondants que le cheval se rapproche des races communes.

Le *paturon* est entre le boulet et la couronne ; il vaut mieux qu'il soit fort et court que long et flexible ; et, suivant la brièveté ou la longueur de cette région, les chevaux sont *court-jointés* ou *long-jointés*. Dans les espèces communes les premiers méritent la préférence.

Le *pli du paturon* est souvent le siége de crevasses ; les eaux aux jambes commencent toujours là.

Dans le bœuf le paturon se divise, ce qui lui donne plus de largeur.

Couronne. — Le pourtour du pied qui surmonte le sabot prend ce nom. Elle a pour base la moitié supérieure de la deuxième phalange. L'on y rencontre parfois des tumeurs dures appelées *forme*.

Chez le bœuf un sillon divise la couronne.

PIED.

Le *pied* ou *sabot* est la portion inférieure du membre qu'enveloppe la corne. Le sabot, qui semble n'être formé que d'une seule pièce, se sépare, par une macération prolongée, en trois parties distinctes qui sont *la muraille*, *la sole* et *la fourchette*.

La *muraille* ou *paroi* forme le tour du pied ; elle se replie en arrière où elle forme *les talons*. La partie antérieure de la muraille est appelée *pince* ; les deux côtés du sabot sont appelés *quartiers* : on dit les quartiers du dedans et ceux du dehors. Le bord supérieur de la muraille se moule sur un renflement de la peau appelé *bourrelet*. Le bourrelet sécrète la corne de la muraille d'une manière continuelle, et en proportion de l'usure opérée au bord inférieur, soit par le frottement sur les pieds non ferrés, soit par l'instrument du maréchal.

La *sole* est placée sous le pied ; c'est cette corne flexible qui le tapisse entre la fourchette et les quartiers.

La sole doit être forte pour garantir le petit pied des meurtrissures ; mais, cependant, il faut qu'elle soit concave, formant une espèce de voûte : autrement, ce serait une défectuosité qu'on appelle pied comble.

La *fourchette* est une corne molle et flexible placée dans le creux du pied, le partageant vers le talon en deux branches en forme de V ; elle doit être développée sans être trop grosse, et, si elle était resserrée, le défaut serait pis encore.

Dans le premier cas, elle est sensible et se blesse facilement; dans le second, n'ayant pas la nourriture nécessaire à l'élasticité dont elle a besoin, elle n'est plus en force pour lutter contre les quartiers qui l'envahissent et se resserrent au point de paralyser les moyens du cheval et de rendre sa marche incertaine.

Le pied de la bête bovine est fourchu, c'est-à-dire divisé en deux portions que l'on appelle *onglons*. La séparation des onglons par un espace dit *interdigité*, rend la fourchette superflue.

Sur le mouton et la chèvre on trouve la même conformation que sur le bœuf.

Le pied de l'âne et *celui du mulet* sont plus étroits que celui du cheval, et paraissent comme carrés en pince.

CARACTÈRES D'UN BON PIED. — Le sabot du cheval doit être plutôt grand que petit. Sa surface doit être unie, luisante; la direction de la pince doit tenir le milieu entre la ligne verticale et la ligne horizontale. La sole doit être creuse et voûtée. La fourchette doit être volumineuse, large en arrière.

La corne noire ou grise, de moyenne consistance, est plus estimée que celle qui est blanche et molle.

Les pieds antérieurs sont plus larges, plus évasés que les postérieurs; les talons sont un peu plus bas.

Le *pied grand* est celui qui est très-volumineux;

il se remarque surtout sur les chevaux des pays humides.

On appelle *pied plat* celui dont la muraille a une direction qui se rapproche de la ligne horizontale ; les talons sont bas, ce qui est un grand défaut.

Le pied est *étroit* quand sa longueur, prise d'avant en arrière, est beaucoup plus grande que sa largeur, ce qui le fait paraître allongé en pince. Si les talons se rapprochent et resserrent la fourchette, on dit que le pied est à talons serrés. Si ce défaut est porté à l'extrême, le pied est *encastelé*.

Si la pince est dirigée en dehors, de manière que deux pieds antérieurs ou postérieurs se rapprochent par les talons, on dit que le cheval est *panard*. Il est *cagneux* quand la pince *est tournée en dedans*.

CORPS.

Le corps est formé par *le dos, les reins, les côtes, les flancs, le ventre, les parties sexuelles du mâle et les mamelles de la femelle*.

Dos. — Il s'étend depuis le garrot jusqu'aux flancs ; les côtes le bornent latéralement. Il doit être droit et fortement constitué. Convexe et tranchant, on l'appelle *dos de carpe*, et *dos ensellé* lorsqu'il est concave.

La ligne horizontale du dos est aussi une qualité dans l'espèce bovine, et en général pour tous les animaux.

Rein. — Le rein fait suite au dos ; court et large,

telles sont les qualités qu'il doit réunir, car la longueur est une défectuosité pour tous les genres de services.

Le rein est long dans les bêtes bovines : aussi ne sont-elles pas aptes à porter des fardeaux ; la largeur reste une qualité précieuse, car la meilleure viande est fournie par les reins.

Côtes. — Elles forment les parois latérales de la poitrine, et, comme celles-ci, doivent être très-amples ; il faut aussi que les côtes s'arrondissent en quittant le dos.

La côte *ronde* est donc une conformation que l'on recherche dans tous les animaux, quelle que soit l'espèce à laquelle ils appartiennent, tandis que la côte plate constitue un vice pour tous.

Ventre. — Il suit le contour des côtes avec lesquelles il doit former à peu près un cylindre. Trop volumineux et pendant, on le dit *ventre avalé, ou de vache ;* ce défaut est ordinairement accompagné de côtes plates. On appelle *ventre levreté* celui qui est long et retroussé ; les animaux ainsi conformés sont mauvais mangeurs et ne soutiennent pas la fatigue.

Dans l'espèce bovine, un grand développement du ventre présuppose que la bête se nourrit bien.

Flanc. — C'est le prolongement du ventre qui se trouve entre les côtes, le rein et la hanche. On dit, avec raison, que les flancs sont le miroir de la respiration : en effet, dès qu'il existe une maladie de poitrine, les flancs ne restent plus dans leur état naturel. Les affections aiguës s'accompagnent d'un mouvement accéléré des flancs. Un mouvement à deux temps, s'exécutant par soubresauts, indique l'existence de *la pousse*. Le flanc du bœuf est long et creux chez les animaux maigres.

Organes génitaux du mâle.

Testicules. — Au nombre de deux, les testicules sont renfermés dans les *bourses* ou *scrotum*, qui sont un prolongement de la peau. Ces organes doivent être gros et n'être pas trop pendants. Des testicules petits et pendants indiquent de la faiblesse. Quelquefois un seul testicule est descendu dans les bourses; il arrive, mais plus rarement, que tous les deux sont restés dans le ventre; ce sont des défauts, car le cheval a tous les désagréments du cheval entier.

On appelle cheval *hongre* celui qui a été châtré; 'opération, qui s'appelle la castration, a dû laisser à la peau, de chaque côté, une cicatrice linéaire. Quand un poulain récemment castré est mis en vente, il faut surtout fixer son attention sur les plaies, parce qu'il peut s'y développer une tumeur bourgeonneuse, souvent grave, appelée *champignon*.

Chez le taureau, les testicules sont allongés verticalement et pendants. Sur le bœuf bistourné, on les trouve petits, atrophiés.

Fourreau. — On désigne ainsi la gaîne dans

laquelle la verge est logée. Un fourreau resserré ne permet pas la sortie de la verge, et l'animal urine dans son fourreau ; c'est une cause d'irritation qui occasionne de l'inflammation, des ulcérations.

Sur le fourreau du mulet et de l'âne, il se développe souvent des fics se reproduisant quelquefois après l'opération.

Chez le bœuf le fourreau est étroit, très-allongé ; il se termine par un petit prolongement obtus que la verge ne franchit que dans le cas d'érection. Ce prolongement porte un bouquet de poils longs et rudes.

Verge. — La verge doit être recherchée saine; elle doit paraître à l'entrée du fourreau et en sortir en partie quand le cheval urine.

Chez le bœuf elle est longue et grêle.

Organes génitaux de la femelle.

Vulve. — La vulve est l'ouverture de l'appareil génito-urinaire.

Il faut se défier des cicatrices ou déchirures de cet organe; elles indiquent que le *bouclement* a été pratiqué, et cela dans le but de maintenir les organes internes en place lorsqu'ils ont été renversés.

Cet accident est fréquent sur la vache.

Mamelles. — Les mamelles sont des glandes préposées à la sécrétion du lait. Elles sont placées entre les deux cuisses. Lorsque la jument est près de mettre bas, les mamelles gonflent par la sécrétion du lait, qui persiste jusqu'à la fin de l'allaitement, puis elles reviennent à leur premier état.

Les mamelles de la vache reçoivent le nom de *pis*; elles forment une masse d'autant plus volumineuse que les vaches ont fait plus de veaux. Chaque mamelle porte quatre trayons; le volume du pis n'est pas toujours un indice de sécrétion abondante de lait.

Les principaux signes qui doivent faire supposer qu'une vache est bonne laitière sont : le grand volume du pis quand il n'est pas dû à l'abondance des parties dures, le volume des veines abdominales, la grandeur de l'ouverture par où elles sortent de l'abdomen, le nombre et le volume des veines sous-cutanées du pis, enfin la grande étendue de l'épi ou écusson que les poils forment à la face postérieure de la mamelle. Chez la brebis et la chèvre, les mamelles n'ont qu'un seul trayon. Dans la truie, les mamelles sont disposées de chaque côté du ventre; elles sont d'autant plus volumineuses qu'elles sont plus en arrière.

ARRIÈRE-MAIN.

Les parties dont se compose l'arrière-main sont : *la croupe, la queue, l'anus, le périné, les membres postérieurs* qui se subdivisent en *hanches, cuisses, grasset, jambe, jarret, canon, tendon, boulet, paturon, couronne* et *pied*.

Croupe. — Elle forme la partie supérieure de l'arrière-main et se trouve entre la queue et les reins. La croupe *horizontale* est la plus recherchée ; la croupe *ronde* est l'apanage des chevaux de gros traits, chez lesquels il faut s'attacher à faire disparaître la croupe oblique d'avant en arrière, dite croupe *avalée*.

Dans l'espèce bovine la croupe relevée doit s'unir avec les reins, sans présenter de dépressions, ou un rétrécissement à son extrémité.

Queue. — Une position élevée détache cet appendice pendant le mouvement, et donne un air de vigueur et d'énergie que ne présentent pas les chevaux dont la queue placée bas est pendante entre les jambes. La queue est pour le cheval une parure, et pour tous les animaux un organe de première utilité pour chasser les insectes qui les incommodent.

On appelle queue de rat les chevaux qui n'ont pas de crins à la queue.

En soulevant la queue, si l'animal résiste, c'est un signe d'énergie.

La queue de l'espèce bovine relevée à sa naissance, tombe perpendiculairement, et porte à son extrémité un bouquet de poils appelé *toupillon*.

Anus ou fondement. — Ouverture par où sont expulsés les résidus des aliments ; il doit être dur et serré ; s'il est ouvert ou enfoncé, c'est un signe certain de la faiblesse du canal intestinal, et presque toujours de l'animal.

Périnée. — C'est l'espace, dénudé de poils, qui s'étend de l'anus aux parties sexuelles du mâle et aux mamelles de la femelle. La couture qui se trouve au milieu du périné a reçu le nom de *raphé*.

MEMBRES POSTÉRIEURS.

Hanches. — Elles forment la partie latérale de la croupe ; leur angle saillant externe constitue la *pointe de la hanche*. Si cette pointe est trop saillante, le cheval est dit *cornu*.

La saillie de la pointe de la hanche est propre à l'espèce bovine ; elle est très-prononcée chez les bêtes qui ont les flancs creux.

Cuisses et fesses. — Le rayon des membres postérieurs faisant suite à la hanche forme latéralement la cuisse et postérieurement la fesse.

De même que le coude, la cuisse peut être tournée en dedans ou en dehors, et transmettre cette mauvaise direction au reste du membre, qui devient *cagneux* ou *panard*.

La cuisse et la fesse longues chez le bœuf, descendant près du jarret, lui donnent une bonne *culotte* recherchée par la boucherie.

Le *grasset* est la région que forme la partie supérieure et externe de la rotule fixée à l'articulation de la cuisse avec la jambe. Le grasset doit être ferme et saillant, et, dans ce cas, il est le plus bel ornement de la cuisse, et un signe de force incontestable.

On appelle *crampe* un accident qui apparaît, sur les jeunes mulets surtout, qui consiste dans un déplacement d'un petit os nommé *rotule* et occasionne une boiterie intense.

La jambe est formée du tibia et du péroné, elle commence au grasset et se termine au jarret; elle doit être longue, ses muscles très-descendus, et le tendon qu'on remarque à sa partie inférieure et postérieure qui forme la corde du jarret, gros et bien détaché.

Les coups de pieds à la face interne de la jambe sont toujours très-dangereux, car l'os n'est recouvert que par la peau seulement.

Jarret. — Cette jointure importante unit la jambe et le canon, c'est la partie la plus essentielle à l'action du cheval. C'est du jarret que dépendent la force, la vivacité et la régularité des allures.

Les jarrets ne doivent être ni droits ni coudés: dans le premier cas ils manquent de force, et sont sujets aux épanchements lymphatiques, tels que vessigons simples et chevillés; le second cas est moins grave : le cheval crochu est seulement difforme à l'œil, cette défectuosité n'est pas nuisible à la force.

Très-écartés l'un de l'autre, ils sont *trop ouverts;* rapprochés par la pointe, le cheval est *clos de derrière;* il est *crochu,* quand les pointes se touchent. Le jarret *vacillant* se manifeste par un mouvement de torsion dans la marche. Pour être beau le jarret doit être sec, bien évidé, large; ses saillies osseuses doivent être bien accusées; dans le cas contraire, on dit que le jarret est empâté.

Le jarret devient le siége d'un grand nombre de défauts qui sont naturels ou acquis ; nous nous en occuperons dans un chapitre spécial qui traitera des maladies affectées à chaque région.

Dans l'espèce bovine, le jarret est large ; étroit et faible ou trop droit, il motive le rejet des bêtes de travail et des reproducteurs.

Les rayons situés au-dessous du jarret portent les mêmes noms qu'aux membres de devant ; ils en diffèrent seulement par la longueur et la largeur.

Je finis en disant qu'on doit toujours rechercher, dans les membres, les articulations fortes, les canons courts et les tendons gros et bien détachés.

En résumé, voici les qualités de conformation telles que nous les comprenons pour un bon cheval de service :

Il doit avoir :

quatre choses larges :	*quatre choses longues :*	*quatre choses courtes :*
le front,	l'encolure,	les reins,
le poitrail,	les rayons supérieurs,	les paturons,
la croupe,	le ventre,	les oreilles,
et les membres,	et les hanches,	et la queue,

III.

TARES OSSEUSES ET MALADIES DES MEMBRES.

L'énumération des tares et des maladies que l'on rencontre sur les membres sont trop nombreuses pour que j'aie la prétention de les énumérer toutes ; je me bornerai à vous citer les principales, en commençant par celles des membres antérieurs:

1º Les maladies de l'épaule sont surtout des contusions occasionnées par le collier ou la bricole; ce genre d'accident est peu grave; mais une indication se présente: c'est celle de faire disparaître la cause, car ces blessures réitérées rendent l'animal difficile et même rétif.

Eponge. — On appelle éponge une tumeur molle et indolente qui se montre à la pointe du coude, produite généralement par l'éponge du fer dans les chevaux qui se couchent en faisant supporter le poids du corps par les talons. C'est avec une ferrure particulière que l'on guérit ce petit accident.

Malandres. — Il survient à beaucoup de chevaux des crevasses ou gerçures dans les articulations ; elles sont l'indice d'une humeur âcre. Celles qui viennent au pli du genou se nomment malandres; elles sont faciles à guérir.

Osselet. — Ce sont des tumeurs dures qui viennent à la partie antérieure du genou ; elles sont dans la catégorie des suros. — Les osselets sont disgracieux à l'œil; ils gênent un peu le mouvement, mais ils font rarement boiter. Le cheval est *couronné* quand après une chute on voit à la face antérieure du genou une plaie arrondie; si la plaie a été profonde ou si elle a été renouvelée, elle se termine par une cicatrice dépourvue de poils, ou couverts de poils blancs;

cette marque indique généralement de la faiblesse dans les membres antérieurs.

Nerf férure ou *effort du tendon*. — La nerf-férure est un engorgement du tendon fléchisseur des membres antérieurs ; il provient de coups, d'efforts violents ou de fatigue.

Suros. — Le suros est une tumeur calleuse, dure et insensible, qui croît généralement sur la face interne du canon, mais plus particulièrement sous le genou ; s'il existe des deux côtés, on le nomme chevillé ; si plusieurs se tiennent, ils sont désignés sous le nom de fusée. Lorsque le suros ne gêne pas le tendon, il est sans conséquence, et ne demande aucun remède; il passe presque toujours seul, et principalement lorsque les chevaux arrivent à un âge avancé.

Le suros provient le plus souvent d'un coup, quelquefois de maladie interne : alors il est plus dangereux, en ce qu'il survient plus particulièrement aux parties voisines des tendons.

Molettes. — La partie inférieure du canon est sujette aux molettes; c'est une tumeur molle qui paraît généralement après de longues fatigues, à la partie supérieure du boulet ; c'est la dilatation de la capsule synoviale; elle est remplie d'une eau rousse. On la dit *chevillée* quand elle se montre en dedans et en dehors; le plus souvent elle fait boiter le cheval.

Eaux-aux-jambes. — Les plis des paturons, surtout aux membres postérieurs, sont souvent le siége de crevasses qui dégénèrent en eaux-aux-jambes quand elles sont négligées.

Forme. — C'est une tumeur osseuse qui a son siége au-dessus du sabot. La forme détermine toujours une claudication souvent incurable.

Javart cartilagineux. — Les cartilages latéraux du pied des solipèdes sont sujets à s'enflammer. Cette inflammation, suivie de ramollissement et d'ulcération qui gagne la couronne où le pus se fait jour, en laissant une fistule communiquant avec le fond de l'ulcère, constitue le javart cartilagineux. — C'est une affection grave sur le cheval, et qui réclame de grands soins pour guérir.

Seime. — On appelle ainsi une fente ou fissure de la muraille du sabot, qui se forme dans le sens de la direction longitudinale des fibres de la corne.

Celle qui existe en pince prend le nom de *seime en pince*, et de *seime quarte* quand elle se trouve aux quartiers. La première est très-commune aux pieds postérieurs, et la seconde au quartier interne des pieds de devant. Les seimes ne font boiter que quand le vif est pincé entre les bords de la fente.

Les seimes ont moins de gravité que le javart; elles se guérissent plus sûrement.

Membres postérieurs.

Fracture de la pointe de hanche. — Accident fréquent chez les grands animaux ; il est déterminé par une chute ou par un choc de la pointe des hanches contre un corps dur. Ces fractures guérissent spontanément par le repos; mais elles laissent après elle une difformité qui, bien souvent, ne porte aucune atteinte à l'utilisation de l'animal qui est *déhanché.*

Luxation de la rotule. — C'est le déplacement de la rotule, qui sort de la cavité articulaire. La luxation a lieu latéralement ou en haut. Le membre est roide, tendu; le mouvement fort difficile ; la jambe est traînée. Les jeunes animaux sont sujets à des déplacements réitérés de la rotule, qui surviennent spontanément et disparaissent de même.

Eparvin calleux — L'éparvin calleux est une tumeur dure et osseuse qui se manifeste à la partie interne et inférieure du jarret. Il fait souvent boiter, et occasionne parfois l'ankylose de l'articulation. On reconnaît la présence de l'éparvin en se plaçant en avant du cheval, près de l'épaule, et par la comparaison des jarrets entre eux ; puis on y passe la main qui, sentant une tumeur anormale, vient compléter l'examen visuel.

Jardon. — Le jardon est dans la catégorie de l'éparvin ; c'est une tumeur osseuse qui cause toujours de la douleur, au moindre effort ou à la plus petite fatigue.

Le jardon se remarque à la partie postérieure et externe du jarret ; le jarret, vu de côté, offre postérieurement une ligne qui est courbe, au lieu d'être droite.

Courbe. — La courbe se rapproche beaucoup de l'éparvin; elle a son siége à toute la face interne du jarret et un peu en avant. C'est une tumeur oblongue, dont le nom indique la forme ; elle fait presque toujours boiter.

Varice. — La varice est une tumeur longue et molle qui a pour cause la dilatation de la veine du jarret nommée saphène, qui passe à la face interne et antérieure du jarret. Son volume peut s'augmenter au point de mettre le cheval hors de service.

Vessigons. — Le vessigon est une tumeur molle, assez grosse et mobile, qui apparaît sur un ou sur les deux côtés de la corde tendineuse du jarret ; il est de même nature que la molette, et provient, aussi lui, d'efforts ou de fatigue.

Capelet. — Le capelet est une tumeur mouvante, plus ou moins volumineuse, située sur la pointe du jarret ; il provient toujours des coups que l'animal se donne en ruant au mur ou contre un corps dur quelconque. Lorsque son origine date de loin, il est difficile de le faire disparaître complétement.

Eparvin sec. — L'éparvin sec consiste dans une flexion sèche, convulsive et saccadée du jarret, à l'instant où le pied quitte le sol. Lorsque le cheval est échauffé, ce mouvement devient habituellement invisible. La cause la plus ordinaire est due au manque de synovie dans l'articulation du jarret.

Solandres. — Les solandres viennent au pli du jarret ; elles sont de même nature que les malandres, et se traitent de la même manière ; mais elles sont quelquefois un peu plus difficiles à guérir.

Forme. — La forme est une tumeur calleuse qui survient à la couronne des membres postérieurs ; elle est de même nature que celle des membres antérieurs. La forme est héréditaire, comme toutes les tumeurs osseuses dont nous venons de parler.

IV.

A G E.

On désigne sous le nom d'âge, le temps qui s'est écoulé depuis la naissance d'un sujet jusqu'à sa mort ou jusqu'au moment où on s'occupe de lui.

Certains signes, à peu près réguliers, nous font connaître d'une manière assez exacte l'âge des animaux domestiques.

Age du cheval.

Chez le cheval, les dents seules fournissent les indices qui font connaître l'âge.

Les dents sont des corps solides, très-durs, fixés dans des cavités appelées alvéoles ; elles sont au nombre de quarante, divisées en incisives ou pinces en molaire sou mâchelières, et en crochets ; elles sont ainsi placées :

Les douze incisives, six en haut et six en bas, garnissent le devant de la mâchoire ; les quatre du milieu sont appelées pinces ; les quatre suivantes, mitoyennes, et les quatre autres, coins. Viennent ensuite les crochets ou canines ; deux en haut et deux en bas ; ils sont à quelque distance des coins, et prennent leur nom de leur forme un peu crochue.

Les juments n'ont pas, pour l'ordinaire, de crochets ; lorsqu'elles en portent, ils sont petits.

Les molaires sont rangées par six, dans le fond de la bouche : douze en haut et douze en bas, elles ne marquent pas l'âge.

Environ quinze jours après la naissance du poulain, les incisives poussent ; les mitoyennes de trente à quarante jours, et les coins viennent de huit à dix mois, sous le nom de dents de lait ; ces premières sont petites, courtes, creuses, sans germe de fèves, et leur cavité ne se remplit qu'à huit mois pour les pinces, de dix à douze mois pour les mitoyennes, et à quinze ou seize mois pour les coins.

Elles restent telles jusqu'à deux ans et demi environ, époque à laquelle les quatre premières tombent, deux en haut, deux en bas, pour faire place à quatre autres dents, dites persistantes, qui prennent le nom de pinces.

A trois ans et demi, les quatre qui suivent font place aux mitoyennes, et, à quatre ans et demi, aux quatre dernières succèdent les coins.

A cinq ans, et même quelquefois à quatre ans et demi, selon que le cheval a été bien nourri, ou élevé sur un bon terrain, ces dents ont acquis toute leur hauteur.

Les crochets sortent de trois ans et demi à cinq ans; leur apparition n'est pas régulière; ceux d'en bas poussent les premiers.

A cinq ans, toutes les dents de devant sont creuses et marquées dans leur centre d'un cercle noir qu'on nomme germe de fève ; et c'est à sa présence et à sa disparition que l'on reconnaît tout particulièrement l'âge du cheval. De cinq ans à cinq ans et demi, le creux se remplit aux pinces, et le noir s'efface. De six ans à six ans et demi, c'est le tour des mitoyennes.

De sept ans à sept ans et demi, les coins subissent la même période.

A huit ans, le cheval a rasé ; il ne marque plus pour le commerce. On peut cependant encore, après cette époque, connaître approximativement l'âge d'un cheval : 1º à l'inspection de la mâchoire supérieure, qui suit à peu près la même marche que l'inférieure ; 2º à la longueur, à la direction et à la conformation des dents, qui deviennent ovales, rondes, triangulaires et enfin biangulaires, à mesure que le cheval avance en âge ; mais ces données ne sont pas infaillibles.

Il y a des chevaux qui marquent toujours, c'est-à-dire dont la dent reste creuse et tachée ; ils se nomment béguts ; et cette irrégularité provient de la conformation de la mâchoire, dont la partie inférieure est plus allongée que la supérieure : incident qui empêche le frottement et l'usure des dents.

Ane et mulet. — Les dents de l'âne et du mulet ne donnent pas des indices aussi certains que celles du cheval. La chute et le remplacement des incisives ont lieu aux mêmes époques que chez le cheval ; souvent, quelques mois plus tard. Mais à partir de l'âge de sept ans, en raison du peu de régularité dans la forme de ces dents et de la grande profondeur du cornet dentaire, la connaissance de l'âge est très-difficile.

Age du bœuf.

Le bœuf fournit de très-bons signes par ses dents et par ses cornes.

Les dents du bœuf sont au nombre de trente-deux : huit incisives à la mâchoire inférieure, la mâchoire supérieure en étant dépourvue, et vingt-quatre molaires, six à chaque arcade.

Nous avons divisé les incisives en pinces, premières mitoyennes, secondes mitoyennes, et coins.

Les veaux naissent souvent avec les pinces et les premières mitoyennes. Quand ils en sont dépourvus, les pinces sortent du 3e au 4e jour ; les premières mitoyennes, du 8e au 10e jour ; les secondes mitoyennes, vers le 20e jour, et les coins, du 25e au 30e jour.

Vers l'âge de six mois toutes les dents sont bien sorties ; on dit alors que la mâchoire est *au rond*.

Les pinces sont rasées à 10 mois ; les premières

mitoyennes sont rasées à un an ; les secondes mitoyennes à 15 mois, et les coins à 18 ou 20 mois.

De 18 à 20 mois a lieu la chute des pinces, et leur remplacement est complet à 2 ans.

De 2 ans 1|2 à 3 ans les premières mitoyennes sont remplacées.

De 3 ans 1|2 à 4 ans, le même changement s'opère dans les secondes mitoyennes.

Enfin de 4 ans 1|2 à 5 ans, c'est le tour des coins.

De 5 à 6 ans, les coins arrivent au niveau des autres dents. La mâchoire est au rond.

A 7 ans, les pinces sont rasées.

A 8 ans, nivellement des pinces, les premières mitoyennes sont rasées.

A 9 ans, les pinces sont concaves, les mitoyennes sont nivelées et les coins sont rasés.

A 10 ans, les coins sont nivelés.

A 11 et 12 ans les incisives sont courtes, les dents s'écartent ; plus tard les dents se réduisent à l'état de chicot.

Les cornes du bœuf présentent aussi des signes qui sont d'un bon secours pour la connaissance de l'âge.

Quelques jours après la naissance du veau, on commence à sentir, de chaque côté du chignon, deux éminences osseuses, qui grossissent et se couvrent de corne ; au bout d'un an, il y a deux cornillons. Pendant la deuxième année a lieu une nouvelle pousse de corne, séparée de la première par un léger sillon. Une troisième pousse, en tout semblable à la deuxième, se forme pendant la troisième année ; la quatrième année, nouveau cercle précédé d'un sillon très-prononcé, et ainsi de suite durant toute la vie.

On compte pour trois ans le premier sillon profond, et pour un an tous les autres en se rapprochant vers la base de la corne.

Malheureusement les cornes ne sont pas toujours régulières ; le joug les use et rend les sillons moins apparents, et dans la vieillesse, les sillons sont plus rapprochés et moins réguliers.

Age du mouton et de la chèvre.

Les dents du mouton et de la chèvre sont en même nombre et réparties de la même manière que chez le bœuf.

Les incisives du mouton sont distinguées en caduques et en remplaçantes. Les premières sont beaucoup plus petites que celles qui les remplacent.

Les agneaux naissent ordinairement sans dents.

A l'âge de 25 jours elles sont presque toutes sorties, et l'arcade est au rond vers trois mois.

A cet âge, la taille, les formes, l'époque présumée de la naissance sont les meilleurs signes.

De 15 à 18 mois, les pinces sont remplacées, l'animal prend alors le nom d'*antenais*.

A 2 ans, les premières mitoyennes sont remplacées ; l'antenais devient mouton, bélier ou brebis.

De 3 ans à 3 ans et demi les secondes mitoyennes tombent.

De 4 ans à 4 ans et demi, les coins de remplacement fond leur évolution.

A 5 ans l'arcade est au rond. Les pinces sont à peu près rasées et présentent toujours l'étoile dentaire.

A partir de 5 ans l'âge est difficile à connaître. Quand toutes les incisives deviennent longues, c'est un signe de vieillesse.

La race et la nourriture ont une très-grande influence sur la dentition de tous les animaux. Dans les races améliorées, précoces, les signes fournis par les dents se montrent bien plus tôt que dans nos anciennes races françaises.

V.

DE LA FERRURE.

L'art de ferrer est difficile : les bons maréchaux sont rares !

La ferrure consiste dans l'application sur le sabot d'un fer destiné à préserver la corne de l'usure, et à rendre la marche du cheval plus assurée.

Le fer du cheval figure une bande métallique plus ou moins large, percée de trous et courbée sur champ, de manière à présenter la forme d'un croissant ; il se compose de quatre parties, savoir : *la pince*, partie antérieure et arrondie; *les deux branches*, entourant les parties latérales du pied ; *les éponges*, qui forment le haut des branches et touchent aux talons ; *les étampures* sont les trous pour recevoir les clous, il y en a huit ; et *l'ajusture*. On y voit aussi souvent des appendices nommés *crampons* et *pinçons*.

Les étampures dont le fer est percé se rapprochent plus ou moins du bord externe. Lorsqu'elles en sont écartées à une certaine distance, de manière à se trouver à peu près au centre du fer, l'on dit que le fer est étampé à gras ; si, au contraire, elles sont très-rapprochées de la rive externe, il est étampé à maigre.

La disposition que l'on donne aux diverses parties du fer, afin de l'approprier au pied sur lequel il doit être appliqué, forme l'ajusture ; et le contour que décrit la rive externe, suivant exactement celui du sabot, s'appelle *tournure*.

Forger un fer, affiler des clous, et les enfoncer à l'aventure, telle est toute la science du plus grand nombre. Aussi combien de chevaux sont mutilés par ces mains mercenaires ! combien naissent sains et d'aplomb, qui plus tard marchent de travers, sont estropiés, par cela seul qu'ils souffrent des pieds !

La quantité de chevaux mis hors de service par la ferrure est innombrable : sur dix boiteries, huit au moins proviennent de cette cause, sans qu'on s'en doute.

Que de fois on met le feu aux hanches, aux épaules, aux jarrets, aux boulets, lorsque tout le mal est dans le pied, parce qu'il a été piqué, brûlé ou mal dirigé !

Le pied est la partie la plus essentielle et en même temps la plus délicate du cheval ; sur lui repose tout le poids du corps ; il est le point où aboutissent tous les tendons, où se réunissent tous les efforts de l'animal pour marcher, courir et sauter.

La ferrure est donc, de toutes les parties qui regardent la connaissance du cheval, une des plus utiles et des plus importantes.

Les maréchaux ont l'habitude de préparer les fers à l'avance, et beaucoup d'entre eux les prennent au hasard, sans s'occuper des aplombs, des membres, de la forme et de la dimension du sabot ; alors on chauffe, on taille, on rogne la corne, pour ajuster le pied à la chaussure, sans s'inquiéter s'il sera à l'aise ou gêné.

Le fer doit être forgé tout exprès pour le pied ; on comprend facilement qu'une chaussure bien adaptée sera moins susceptible de gêner.

Si le fer est trop large, le cheval est embarrassé, maladroit et se coupe en marchant ; si le fer est trop étroit, on râpe à force la corne pour réduire le pied, et en agissant ainsi on paralyse l'élasticité du sabot, et on met ainsi le cheval dans un état de gêne telle que la compression lui cause une souffrance continuelle, et si vive qu'il n'a plus ni vigueur ni solidité.

Le choix du maréchal est donc très-important pour

le service des chevaux ; et si la maladresse des uns est la cause d'une foule de maladies, le savoir et l'intelligence des autres peuvent constamment remédier à des vices de conformation et à des défauts d'aplomb ; par exemple :

1º On peut remédier aux pieds cagneux en tenant le quartier du dehors plus haut que celui du dedans.

2º Les pieds panards se rentrent en agissant contrairement, c'est-à-dire en laissant le quartier interne plus élevé que celui du dehors.

3º On arrête la tendance des pieds pinçards à se redresser, en tenant les talons bas et la pince un peu longue.

4º On facilite la marche des genoux creux, en tenant la pince courte et en laissant les talons un peu hauts.

5º L'aplomb et la solidité d'un cheval qui a les genoux en avant se conservent en tenant les pinces un peu courtes et les talons bas.

Le fer est le soulier du cheval : de sa confection et de son attache dépendent la durée et la solidité de la marche.

Le fer s'attache par huit clous ; mais la corne des sabots de devant n'ayant pas la même conformation que celle du pied de derrière, il en résulte une différence dans la manière de percer les étampures.

C'est en pince que doivent être fixés les clous pour les pieds de devant, et pour les pieds de derrière les clous doivent être mis plutôt en arrière qu'en avant.

Le fer doit être léger en proportion du poids du cheval, de son travail, et placé d'aplomb, accompagnant la forme du pied ; les clous doivent être brochés régulièrement et à la même hauteur.

Il y a des chevaux qui se coupent avec le fer, soit qu'ils marchent mal ou par faiblesse ; à ceux-là, plus particulièrement, ferrure courte et la branche intérieure rentrée aux pieds de devant ; et si c'est derrière, même système pour l'éponge du dedans, que l'on fait un peu déborder par la corne.

Nous résumons ainsi les principes de la ferrure rationnelle :

1° Garnir exactement le bord inférieur du sabot, afin de le protéger contre l'usure ;

2° Disposer les étampures et la face supérieure de manière à ce que le fer soit fixé solidement sans nuire à l'élasticité du sabot ;

3° Augmenter ou diminuer l'épaisseur de certaines parties de façon à avoir toujours un appui régulier sur la face plantaire.

Ferrure de l'âne et du mulet. — Les principes ne diffèrent point. La ferrure a le même objet que sur le cheval. La tournure du pied seulement n'est pas tout à fait la même ; il s'agit purement et simplement de la faire suivre par le fer.

Ferrure du bœuf. — La ferrure, chez les animaux de l'espèce bovine, n'a pas, à beaucoup près, la même importance que pour les chevaux.

Cependant, pour être relativement minime, l'utilité

de la ferrure du bœuf n'est pas à négliger ; il est bon de l'appliquer à tous les individus qui sont employés à des charrois.

Le fer du bœuf consiste en une petite plaque, représentant le quart d'un ovale. Le bord droit correspond à la rive interne; du milieu de cette rive part un pinçon mince, plié à angle droit, de manière à passer entre les deux onglons, à se rabattre sur la muraille et à donner plus de fixité au fer. Le bord externe représente la rive extérieure ; elle est percée de cinq ou six étampures maigres.

L'ajusture et la tournure précèdent l'application du fer. Le fer du bœuf réclame une concavité correspondant au coussinet du pied, et la tournure du fer doit être modelée sur le pied qui doit le recevoir.

SECONDE PARTIE.

Hygiène vétérinaire.

I.

HYGIÈNE GÉNÉRALE DES ANIMAUX DOMESTIQUES.

Le mot *hygiène* désigne, dans le langage ordinaire, la branche des sciences médicales qui a pour but la conservation de la santé.

Pour nous, le mot *hygiène* comprendra tout ce qui

a rapport à l'art de loger, de nourrir, d'entretenir, de gouverner, de soigner les espèces soumises à la domesticité.

L'hygiène se bornât-elle à enseigner les moyens de maintenir la santé, qu'elle serait encore de la plus grande utilité ; car elle offre le plus puissant moyen d'assurer et d'accroître même l'immense valeur représentée par les animaux domestiques. On peut dire que l'importance de cette science est proportionnée au prix de ces animaux.

Il est d'ailleurs bien reconnu qu'on évite les maladies plus sûrement et avec plus de facilité et d'économie, qu'on ne rétablit la santé. Il y a toujours perte à laisser devenir malades les animaux, à cause du temps, des dépenses qu'exige le traitement, et de l'incertitude de la guérison ; souvent même il y a plus d'avantage à sacrifier un animal malade et à épargner un traitement, la cure fût-elle certaine, qu'à essayer de le guérir.

Dans tous les cas, en supposant même que le rétablissement pût être parfait et économique, il vaudrait mieux conserver la santé que de traiter la maladie; car, comme l'a dit Daubenton, il y a plus à espérer de l'animal qui n'a pas été malade, que de celui qui a été guéri.

L'hygiène peut aussi rendre de grands services pour la connaissance des maladies. En étudiant l'influence des agents extérieurs, de l'exercice, de l'atmosphère, du logement, de la nourriture, du pansage sur les fonctions, cette science nous fait connaître les causes qui produisent les maladies. Sous ce rapport, on peut considérer l'hygiène comme une introduction à l'étude des maladies.

L'hygiène est enfin d'un grand secours pour le traitement des maladies; la plupart des affections internes des animaux disparaissent par l'usage seul des soins hygiéniques; c'est par des soins hygiéniques, par un bon régime, par l'assainissement des habitations, que l'on prévient et que l'on fait cesser presque toutes les épizooties.

L'hygiène vétérinaire forme donc, par le nombre et la diversité des objets qu'elle étudie, une science très-vaste et très-compliquée.

Nous ne nous occuperons que de l'hygiène qui concerne les animaux domestiques.

Logement des animaux.

Nous désignons sous le nom d'*étables* les habitations des animaux domestiques en général, et nous appelons *écurie*, *bouverie*, *bergerie*, *porcherie*, *poulailler*, les habitations des chevaux, des bœufs, des moutons, des porcs, des oiseaux de basse-cour.

Les habitations doivent garantir les animaux de la pluie, du vent, du froid et même de l'humidité de la terre. Quoique les étables ne soient pas indispensables à l'entretien des animaux, elles n'en sont pas moins fort utiles; elles peuvent prévenir beaucoup de maladies en offrant un abri aux animaux échauffés par le travail, aux femelles qui, ayant mis bas depuis peu de temps, ont les organes intérieurs sensibles, aux poulains faibles qui viennent de naître. Elles ont en outre l'avantage de faciliter la distribution de la nourriture, la production des engrais.

Dans la plupart des provinces de la France, l'Est est celui des quatre points cardinaux qu'on doit préférer pour l'exposition des bâtiments destinés à loger l'homme et les animaux.

L'ouest est souvent trop humide. Quoique l'exposition au sud soit désagréable en été, elle est cependant, en général, préférable à celle du nord.

Du reste, au moyen d'ouvertures convenables, on peut se procurer presque partout les avantages de toutes les expositions et en éviter les inconvénients ; quand la chaleur est trop forte, on ferme les portes, les contrevents du côté du sud, et l'on ouvre les fenêtres qui donnent au nord et à l'est.

Il faut toujours placer les étables dans un lieu où il soit facile de mettre le pavé au-dessus du niveau de la terre extérieure, ou bien les entourer d'un fossé ; ces précautions sont utiles : on évite ainsi la fraîcheur et l'humidité du sol et des murs ; on empêche l'eau provenant des pluies, des neiges, d'y pénétrer, et l'on facilite le renouvellement de l'air, l'écoulement des urines. La surveillance des étables placées près des habitations de l'homme est facile.

Il est très-utile de démontrer les conditions dans

lesquelles les bâtiments d'exploitation doivent être construits, car, pour la bonne hygiène des animaux domestiques, rien n'est plus important, après une saine et abondante nourriture, qu'un logement salubre.

Pour régler la hauteur des étables, il faut tenir compte de leur dimension comme indiquant le nombre d'animaux qu'elles doivent loger. Plus ce nombre sera grand, plus les altérations de l'air seront à craindre; les portes auront deux mètres, elles seront à deux battants et s'ouvriront en dehors.

Les fenêtres doivent être assez élevées et des précautions doivent être prises pour que la lumière directe n'arrive pas sur les yeux si sensibles des animaux. On ne saurait trop recommander de faire mettre, à la place des petites lucarnes qu'on voit dans toutes les écuries de nos campagnes, des ouvertures pour le renouvellement de l'air.

Chaque fois que les animaux vont au travail, on ouvrira les portes et les fenêtres pour renouveler l'air, et quand ils sont rentrés, à moins qu'ils n'aient grand chaud ou que le froid ne soit excessif, on laissera entrer de l'air par quelque ouverture.

Les râteliers et les crèches sont destinés à mettre la nourriture à la disposition des animaux.

Les crèches seront toujours placées à une hauteur qui variera selon la taille des animaux.

Le sol des écuries doit être légèrement en pente, pavé, et, dans tous les cas, il doit être uni, foulé et nivelé de manière que les liquides n'y séjournent pas ; on aura soin de boucher toutes les ouvertures qui sont à côté des râteliers, des crèches. Si l'on ne peut pas enlever le fumier tous les jours, on le fera aussi souvent que possible, on le portera toujours hors de l'étable, et l'on remettra de la litière tous les soirs.

Toutes les fois que l'on nettoyera le sol, on passera le balai sur les murs, sur le plancher, afin d'enlever avec soin les toiles d'araignée, la poussière.

Toute mesure de propreté est un bien qu'on ne saurait trop minutieusement pratiquer.

Pansage.

On appelle *pansage, pansement de la main,* le nettoiement, au moyen d'instruments particuliers, de la peau des animaux.

Le pansage se compose d'une série d'actes désignés chacun par un nom dérivé de l'instrument qui sert à le pratiquer : ainsi l'on appelle bouchonner, étriller peigner, etc., l'opération faite avec le bouchon, l'étrille, etc.

Par le pansage, le poil des animaux devient lisse, brillant, et la peau propre, libre, souple, perméable ; le pansage produit des effets excitants; il donne plus d'activité à toutes les fonctions ; le sang arrive en plus grande quantité à la peau. Le pansage favorise l'exercice de toutes les fonctions. La transpiration de la peau est un des principaux émonctoires de l'économie vivante, elle exerce une très-grande influence sur la santé. C'est par cette voie que le corps animal se débarrasse en grande partie des matières inutiles ou nuisibles.

Les bœufs comme les chevaux devront être pansés tous les jours. Le bouvier enlèvera chaque matin avec un couteau, qui peut être en bois, les excréments qui adhèrent à la peau des animaux ; il passera une éponge mouillée pour la rendre plus propre, et enfin le bouchon pour la sécher.

On dit que le fumier déposé sur le corps empêche les animaux de se lécher, que les membres paraissent plus gros: c'est une erreur répandue et mise en pratique par les paresseux; il est bien reconnu qu'en activant la digestion le pansage est favorable à la production de la viande et à la qualité du lait des vaches laitières.

Nourriture.

Nous ne pouvons fixer les rations qu'il convient de donner aux chevaux. Elles doivent varier selon la taille, la destination des animaux et le régime auquel ils sont habitués.

Pour rationner le cheval il faut se rappeler qu'il a l'estomac petit, qu'il mange souvent; et si l'on veut qu'il prenne son repas rapidement, il faut lui donner de bons aliments faciles à prendre.

Le foin, l'avoine sont les aliments les plus employés pour la nourriture du cheval. Le foin peut être remplacé économiquement par les légumineuses cultivées en prairies temporaires; ces plantes données en vert entretiendraient presque les chevaux de travail. « Elles sont pour ces animaux, dit le baron *Crud*, la meilleure nourriture d'été; lorsqu'ils en ont en suffisance, ils n'ont que faire d'aucun autre aliment. »

La carotte convient principalement au cheval, elle peut jusqu'à un certain point remplacer l'avoine.

Quoique les bons foins, les carottes puissent soutenir certains chevaux de travail, il faut à ces animaux, quand ils travaillent beaucoup, des rations de grains : elles abrègent le temps des repas ; elles forment une nourriture qui soutient le corps pendant longtemps, tout en donnant des forces et de l'énergie. Les bons effets d'une nourriture substantielle sont démontrés par les travaux si pénibles que font, tout en conservant une parfaite santé, quelques chevaux dans les villes.

La manière d'entretenir les grands ruminants est en général plus variée que celle usitée pour les solipèdes. On les nourrit à l'étable, au pâturage, et on les soumet à un régime mixte.

La pratique de faire pâturer les animaux est la manière la plus simple de les nourrir ; mais elle n'est avantageuse que dans quelques localités. Elle nécessite une trop grande surface de terrain pour nourrir un certain nombre de bêtes, et elle occasionne une perte trop considérable de fumier.

On la remplace par l'entretien à l'étable à mesure que l'agriculture se perfectionne, et elle ne doit plus être usitée que dans quelques localités particulières.

C'est pour le bœuf qu'on cultive la plus grande partie des récoltes fourragères : aucune nourriture ne lui est particulièrement réservée, il se trouve également bien d'un grand nombre de plantes fort différentes cependant les unes des autres.

On nourrit les bêtes à cornes avec les fourrages verts ou avec des produits végétaux desséchés.

Les bêtes bovines doivent toujours être abondamment rationnées; il n'y a pas à craindre, comme pour les chevaux, qu'elles deviennent trop grasses; si on leur donne une quantité convenable de nourriture, elles la payent toujours en fumier, en lait, en chair, en graisse ou en travail.

Il faut toujours régler la nourriture sur la fatigue des animaux, de manière à tenir constamment ceux-ci dans le même état de graisse: le passage de la maigreur à l'embonpoint est nuisible à la santé.

La nourriture, les boissons ne doivent pas être données immédiatement après les très-grandes fatigues; il faut aussi, si les animaux doivent employer toutes leurs forces, qu'ils aient commencé à digérer, à ruminer avant d'être attelés.

Les fourrages verts sont plus nutritifs, plus salutaires à la santé que le foin et la paille. En faisant usage des fourrages verts, on économise les frais de fanage, de conservation des foins; l'on prévient la perte énorme qui a lieu en feuilles, en graines pen-

2***

dant la dessiccation, et l'on obtient un fumier plus abondant et meilleur, ayant un tiers de plus de valeur que celui fourni par les foins et les pailles.

La distribution doit être faite par petites rations, souvent renouvelées. Cette précaution est surtout nécessaire pour les plantes qui donnent des indigestions ; seule elle peut prévenir ces accidents ; car même le trèfle, la luzerne ne fermentent dans le rumen que lorsque les animaux en prennent beaucoup à la fois. La distribution par petites parties a l'avantage de ménager la nourriture, de ne pas en faire perdre et d'exciter les animaux à manger.

Les racines, les tubercules sont indispensables au bon entretien des grands ruminants, on alterne leur administration avec celle des fourrages secs.

Les grains, les graines, les farines doivent être réservées pour les bêtes qu'on engraisse, pour les vaches à lait et pour tous les animaux soumis à des travaux pénibles.

Nous devons dire ici que l'habitude de ne faire boire les animaux que deux fois par jour est mauvaise ; qu'elle les laisse souffrir de la soif, surtout s'ils ne prennent que des aliments secs. On doit principalement les faire boire souvent quand ils transpirent beaucoup, qu'ils travaillent exposés à la chaleur du soleil. Une grande quantité d'eau prise à la fois peut produire, lors même qu'elle est bonne, des maladies mortelles.

Lorsqu'ils sont rentrés à l'écurie étant en sueur, on

doit ne les faire boire qu'après qu'ils ont mangé ; s'ils paraissent très-pressés par la soif, on leur donnera seulement quelques gorgées d'eau dégourdie pour les engager à manger ; on les abreuve définitivement quand ils se sont reposés ; mais alors, comme dans les circonstances ordinaires, on les fera boire à discrétion.

Du travail.

Le cheval n'est utile que par son travail ; lorsque celui-ci est modéré et en rapport avec les forces de l'animal, il concourt à l'entretenir en santé et le maintient en état de vigueur. Quand, au contraire, il est trop considérable et dépasse la limite assignée par la nature à la résistance de cet animal, il devient la source de nombreuses maladies et accidents.

Le travail a donc une importance de premier ordre en hygiène, puisque, suivant la manière dont on le dirige, il est salutaire ou pernicieux.

Un repos prolongé, en laissant les muscles dans l'inaction, diminue leur puissance de contraction, nuit à l'exercice normal des autres fonctions, et modifie d'une manière peu avantageuse pour le cheval les phénomènes de la nutrition ; l'animal engraisse, mais il devient mou ; la circulation ralentie l'expose à des congestions, et les tissus vivants du pied, n'étant plus suffisamment excités par la marche, perdent une partie de leur vitalité et de leur volume, et le sabot se resserre.

Un travail modéré active toutes les fonctions, entretient les forces et prépare le cheval à de plus grandes fatigues.

L'excès du travail porte atteinte à l'accomplissement des fonctions, en exerçant sur l'organisme une influence inverse à celle qui résulte du repos prolongé ; la ruine entière de l'économie en est la conséquence, et elle se traduit par des maladies très-graves ou des déformations des articulations et des aplombs qui mettent l'animal hors de service.

Il est difficile de fixer d'une manière absolue la quantité de travail que l'on peut demander à un cheval ; elle varie selon sa force et sa résistance propre, et aussi suivant l'alimentation qui lui est donnée ; il faut que celle-ci soit en rapport avec la dépense que l'organisme doit subir pour exécuter le travail exigé. Un travail pénible auquel un cheval sera brusquement soumis pourra avoir des conséquences fâcheuses pour sa santé, tandis qu'il sera parfaitement supporté si le même cheval y est habitué. C'est pour cela qu'il est avantageux d'amener les animaux à faire le travail auquel ils sont destinés. L'espèce de préparation à laquelle on le soumet alors est ce qu'on appelle *l'entraînement au travail*.

Comme conséquence de ce qui vient d'être exposé, on peut poser en principe qu'un travail journalier et modéré est favorable à la santé des chevaux ;

Que le repos et le séjour trop prolongé dans les écuries sont préjudiciables à leur santé et à leur vigueur ;

Qu'il est nécessaire de les préparer, de les entraîner, par un travail graduellement augmenté lorsqu'on a le projet de les soumettre à de grandes fatigues ;

Que l'alimentation doit toujours être proportionnée à la dépense de la force employée ;

Enfin que l'excès de travail ruine promptement les chevaux et les expose à de très-graves maladies.

Les bœufs sont employés aux travaux agricoles et aux charrois. On doit les occuper toute l'année : en hiver quand les labours ne sont pas possibles, ils doivent faire des charrois, transporter le fumier aux champs.

On destine exclusivement au travail, des bœufs et des vaches ; néanmoins rarement de ces dernières, si ce n'est chez les petits cultivateurs qui ne peuvent pas entretenir des bœufs.

Dans tous les lieux où la terre est légère et n'a que peu de consistance et surtout si le labour ne doit pas excéder de 16 à 17 centimètres en profondeur, deux bêtes suffisent pour mettre la charrue en mouvement, et un homme pour la conduire; un tel attelage laboure fort bien de 30 à 50 ares en un jour.

Autant que possible, on n'exposera pas les ruminants aux fortes chaleurs. S'ils sont bien nourris, ils peuvent sans inconvénient travailler de sept à dix heures par jour, et même plus, selon leur force, la vitesse de leur marche, etc.

On prendra la précaution de dételer toujours les

ruminants aux mêmes heures. Ces animaux travaillent avec peine quand l'heure du repas et du repos est arrivée, et ils se fatiguent alors promptement.

Généralement on néglige ces animaux ; il faudrait, le soir, lorsqu'ils sont fatigués, frictionner les articulations, nettoyer la peau, et au besoin la sécher. On doit surtout les mettre sur une bonne litière, car ils ne peuvent pas rester debout comme les solipèdes.

Si les animaux ont fait de très-fortes journées, s'ils ont marché sur des routes dures, échauffées par le soleil, et si, ayant les pieds douloureux, ils paraissent être menacés de la fourbure, on enveloppera les onglons de linges mouillés avec de l'eau vinaigrée. Ce moyen facile, peu dispendieux, peut rendre les animaux en état de reprendre leur marche le lendemain.

Les bœufs qui ont fortement travaillé, comme les vaches qu'on a fait voyager, réclament d'abord le repos; mais s'ils sont échauffés, si le pouls est fort, les yeux brillants, la conjonctive rouge soit par l'effet des fatigues, soit par l'effet d'une nourriture échauffante, on les mettra à un régime doux, on leur donnera de la farine délayée dans de l'eau tiède, des racines cuites, de l'herbe; une saignée peut, même, alors, être utile, surtout sur les vaches pleines; mais, après un jour ou deux, on donnera une nourriture choisie, succulente, pour réparer les pertes occasionnées par les fatigues.

Choix des chevaux pour le travail.

Tous les chevaux dans nos pays sont exclusivement destinés au travail. Une bonne santé est une condition sans laquelle on ne peut espérer ni force, ni vigueur, d'un cheval. On reconnaît qu'elle existe aux caractères suivants : les animaux bien portants ont l'air gai, ils s'intéressent à ce qui se passe autour d'eux. L'embonpoint doit être médiocre, les crottins fermes, sans être durs, ni recouverts de mucosités. La taille, le volume doivent être en rapport avec l'abondance des fourrages, avec l'état des routes et le genre de service auquel les animaux sont destinés, les formes doivent annoncer la force et la légèreté; les muscles doivent être apparents, bien dessinés.

L'ensemble du corps doit être proportionné, la tête en rapport avec l'encolure, l'avant-main avec l'arrière-main, et le tronc avec les membres.

Ce n'est pas seulement dans les chevaux destinés aux services de luxe qu'on doit rechercher la vivacité. Tous les animaux de travail doivent avoir la démarche prompte, le pas allongé, les sens actifs, être vifs, forts et pourvus de membres musculeux, supportant le corps sans gêne, faisant sur le sol un appui égal.

Les extrémités sont souffrantes quand les animaux se portent tantôt sur un pied, tantôt sur l'autre, et qu'ils changent souvent ; si un cheval ne souffre que d'un membre, il l'appuie très-rarement, le tient un peu fléchi et plus avancé que dans l'état normal.

Dans l'exercice les animaux doivent soulever les membres avec hardiesse et les poser sans hésiter. Si un cheval relève plus lentement une extrémité, s'il a l'air de tâtonner pour la poser sur le sol, il y a souffrance. Les pieds doivent être assez soulevés dans la progression pour ne pas *raser* le tapis ; mais les chevaux ne doivent pas lever en excès, *trousser*, et ils doivent les porter en avant sans les jeter de côté.

Les déplacements latéraux, toujours inutiles, épuisent sans profit les forces et rendent les allures lentes ; ils occasionnent quelquefois des atteintes.

La boiterie des membres antérieurs s'annonce principalement par les mouvements de la tête qui, au lieu d'être portée directement en avant, est rejetée, à chaque pas, sur le membre qui souffre le moins.

Il ne faut pas, dans le choix d'un animal, négliger de le faire tourner et d'examiner, au moment où il tourne, le membre sur lequel il pirouette ; si ce membre souffre, il se fléchit il cède sous le poids du corps au moment où il en supporte la plus grande partie. « Il faut s'assurer encore, selon le conseil de Xénophon, si, étant lancés à toute bride, les chevaux forment un arrêt court et font volontairement la demi-volte. »

Enfin, on doit faire reculer les animaux afin de

s'assurer s'ils sont capables de se porter en arrière et pour connaître leur obéissance et leur adresse. Les chevaux qui ont les reins malades, les jarrets faibles, reculent très-difficilement.

Les animaux doivent avoir un bon caractère, n'être ni méchants ni ombrageux, mais dociles, obéissants. On doit même désirer qu'ils soient intelligents, adroits.

La couleur des poils doit être considérée comme indice de qualités et de défauts et eu égard à la mode, au goût des acheteurs.

On regardait jadis les diverses nuances de la robe, les taches de la tête et des membres, comme les marques de certains caractères, de certaines qualités, etc.

Quoique l'expérience ait appris qu'il ne faut pas ajouter une grande importance à ce que les anciens ont écrit sur ce sujet, que les indications fournies par les couleurs des chevaux sont trompeuses, cependant c'est un point auquel il faut avoir égard, surtout pour le choix des reproducteurs, à cause de la facilité que donnent certaines robes de vendre les poulains.

On a toujours considéré les chevaux à poil clair, isabelle, soupe de lait, comme étant mous ; on croit que les alezans sont chatouilleux, mordent, frappent du pied ; Virgile avait déjà dit :

« Du gris et du bai brun on estime le cœur,
« Le blanc et l'alezan clair languissent sans vigueur. »

Choix des bêtes à cornes pour le travail.

On doit rechercher dans les bœufs destinés au travail, les caractères suivants : taille, en général, moyenne, plutôt petite que grande ; corps trapu, court ; poitrine ample, dos et reins larges, droits ; muscles bien dessinés, membres courts, forts ; articulations grosses, jarrets et avant-bras larges ; pieds assez petits, ongles noirs, durs, lisses ; tête courte, grosse ; front large, couvert de poil crépu ; cornes grosses, courtes, luisantes ; œil noir, vif, brillant ; oreilles larges, velues, horizontales ; queue attachée haut, raide, grosse à la base ; poil rouge ou noir, lisse, brillant ; peau épaisse, ferme, mais mobile. Pour être propres au travail, les bœufs seront robustes, vifs, appartenant à des races rustiques, habitués aux variations de température.

Si, pour avoir de bonnes laitières, on doit rechercher une peau souple, un poil court, fin, une couleur claire, il n'en est pas de même pour les bêtes de travail ; celles-ci ont la peau forte, élastique ; les oreilles grandes, le fanon pendant, ondulé ; le front couvert de poils frisés, la robe de couleur vive, un tempérament sanguin.

Le choix des animaux que l'on achète pour le travail ou pour la reproduction se fait dans les fermes ou en foire. Dans le premier cas, on peut connaître la manière dont ils sont nourris, et c'est un point qu'il ne faut pas négliger d'examiner; car il ne faudrait jamais prendre un animal qui aurait eu des pâturages meilleurs que ceux qu'on lui destine, qui aurait été élevé dans un pays plus plat, plus fertile que celui où on veut le conduire. Si l'on achète sur une foire, on donnera la préférence aux animaux que l'on connaît, on s'informera du pays d'où proviennent ceux qui appartiennent à des marchands, et dans tous les cas l'on sera très-difficile sur le choix, quand on ignorera les conditions dans lesquelles ils auront été élevés. On ne prendra alors que des individus en très-bon état et très-bien conformés.

Il faut rejeter les animaux mous, faibles, dont la démarche est nonchalante, le pas lent et mal assuré; ceux qui sont indifférents à ce qui se passe autour d'eux, qui ont la tête, plutôt basse que relevée, le regard fixe, l'œil sans expression, enfoncé; le poil terne, sans lustre, long, piqué; la peau sèche, adhérente; le tissu cellulaire peu abondant, la respiration irrégulière, fréquente, le flanc agité; ceux qui toussent, qui font entendre des plaintes quand on les presse sur le dos et sous la poitrine; ceux qui ont la diarrhée, les membranes muqueuses pâles, etc.

Choix de animaux destinés à l'engraissement.

Il faut d'abord s'attacher à la race : des expériences très exactes ont plusieurs fois prouvés que certains animaux payent de beaucoup au delà de ce qu'ils consomment ; que le compte des autres se balance sans perte ni profit, tandis que d'autres ne payent pas leur nourriture.

Il y a des races de bœufs qui ont la poitrine étroite, la respiration peu développée, se nourrissant mal ; il est rare qu'on trouve des individus ayant cette conformation qui soient faciles à engraisser.

On donnera toujours la préférence aux bœufs qui viennent des mauvais pays, à ceux qui ont été médiocrement nourris dans des pâturages maigres, et qui ont beaucoup travaillé sur des chemins montagneux.

Les animaux qui, malgré ces conditions défavorables, sont en bon état, s'engraissent presque toujours très-facilement et avec une nourriture de peu de valeur ; tandis que ceux qui ont été nourris dans un bon pays, avec des aliments succulents, qui ont toujours été dans le bien-être, seront souvent difficiles à engraisser.

L'âge adulte est le plus favorable à l'engraissement ; en France, on engraisse les bœufs généralement à dix ans, quelquefois à huit, souvent à douze ou quatorze. Les animaux qui ont acquis tout leur accroissement, mais qui sont encore jeunes, vigoureux, sont dans les conditions les plus favorables ; ils mangent beaucoup, écrasent bien leur nourriture, la digèrent parfaitement, et tous les principes ingérés sont employés à la production de la graisse.

Quant aux formes, nous dirons qu'il faut rechercher un squelette léger; une tête longue, mince, mais avec la bouche large et les lèvres épaisses; des jambes grêles, courtes; un corps long, un dos horizontal, des reins larges; des fesses peu fendues, garnies de muscles descendant très-bas; une encolure forte, épaisse, bien pourvue de chair; la queue grosse à la naissance, mince à l'extrémité; un poitrail large, des côtes longues, fortes, arrondies; un front étroit; des cornes longues, grêles, de couleur claire; des yeux vifs, brillants, et un caractère doux, féminin; une peau fine, souple, libre; le poil brillant.

Tous ces caractères indiquent que les animaux ont les muscles développés, qu'ils profiteront bien de la nourriture qu'ils consommeront, et que leur viande, après l'engraissement, sera entrelardée.

La couleur des animaux, l'épaisseur de la peau doivent être examinées. Les poils couleur froment, ceux qui sont pâles, surtout si la corne a les mêmes nuances, indiquent un tempérament mou et l'aptitude à engraisser.

On recherchera une peau moelleuse, mobile sans être lâche; une peau recouvrant un tissu cellulaire abondant, souple, bien disposé pour recevoir la graisse. Si la peau est dure, adhérente, le tissu cellulaire sous-cutané sec, résistant, le bœuf engraissera difficilement.

Il est inutile de dire qu'il faut livrer au boucher, le plus tôt possible, les animaux atteints de maladies organiques ; si on les gardait longtemps, au lieu de profiter de leur nourriture, ils tomberaient dans le marasme et périraient de consomption ; on ne doit pas même s'attacher à compléter l'engraissement de ceux qui, quoique ne paraissant pas malades, profitent mal des aliments qu'on leur donne.

Les vaches sont quelquefois aussi faciles à engraisser que les bœufs ; leur viande est aussi bonne que celle des mâles ; leur chair a même le grain plus fin ; si en général elle est peu estimée, cela dépend de ce que le plus souvent on ne les engraisse que lorsqu'elles sont déjà vieilles, épuisées par la lactation.

La nourriture des animaux à l'engrais doit être non-seulement en quantité suffisante, mais de qualité convenable ; elle doit surtout être variée, composée d'un grand nombre de substances diverses. Cette condition, si nécessaire sous tous les rapports et pour tous les animaux, l'est particulièrement pour les bêtes à l'engrais : une nourriture variée prévient la satiété, excite l'appétit, favorise la digestion, fournit au sang les nombreux éléments nécessaires à la formation de tous les produits animaux, et donne de la viande ferme, sapide et suave.

Le même aliment continué pendant longtemps repousse les bêtes qui le reçoivent, et les organes digestifs le digèrent mal ; il rend le sang pauvre, et la viande est molle, aqueuse, fade, sans arome.

Si les animaux sont maigres, il ne faut pas les soumettre à un régime succulent ; ils pourraient contracter des maladies, des inflammations, des congestions, et dans tous les cas la nourriture ne serait pas payée.

Il est mieux de commencer l'engraissement pendant que les animaux travaillent ou lorsqu'ils sont dans les pâturages ; car un supplément de nourriture les met alors en état, et ils payent ensuite mieux les aliments choisis qu'ils reçoivent.

On emploie la farine, les grains comme condiments pour exciter les animaux à prendre de fortes rations de foin, de racines, d'eau, etc.

Le sel est généralement considéré comme fort utile ; il excite l'appétit, fortifie l'estomac ; il est recherché par le bétail, engage les animaux à manger et fournit à l'économie animale des principes qu'on ne trouve qu'en très-petite quantité dans les plantes de certaines localités et qui cependant sont nécessaires à la production du sang, de la salive, de la viande, etc.

Les qualités des animaux engraissés dans des herbages salés, la saveur exquise de leur viande nous prouvent son heureuse influence.

Le sel peut être administré en nature ou dissous dans l'eau, seul ou mêlé à d'autres substances.

Autant que possible on doit chercher à l'incorporer à la nourriture : le mettre sur le foin à la récolte, le dissoudre dans l'eau que l'on veut employer pour arroser les foins longs, insipides, tels qu'on les obtient dans les sols humides, gras et marécageux.

Choix des vaches laitières.

Les races à lait et les races de boucherie appartiennent à une seule catégorie. C'est une même disposition organique qui tantôt transforme les aliments en lait, tantôt les transforme en graisse : ce fait est constaté par la pratique.

M. Ivart dit : « La sécrétion du lait semble alterner avec celle de la graisse. Quand une vache laitière engraisse, la lactation diminue ».

Les signes qui annoncent une abondante sécrétion de lait sont très-variables; on rencontre des vaches de toute conformation, très-bonnes laitières; ce sont souvent les plus mal faites, les plus laides d'un troupeau, car elles sont les plus maigres. La beauté est ce qu'on doit le moins rechercher dans les vaches dont on veut tirer race. La bonne vache doit avoir un corps allongé, un dos droit, des reins larges, une encolure effilée, une tête mince, un front étroit, des cornes grêles, luisantes, de couleur claire; des hanches écartées, un bassin ample, des membres grêles, un pis grand, rond, souple, peu charnu, couvert d'une peau douce, moelleuse, et d'un duvet fin, serré; quatre mamelons bien développés, égaux, longs.

Dans les vaches bonnes laitières, les *veines abdominales*, appelées *veines lactées*, sont grosses, bien apparentes, plus ou moins tortueuses; les trous par où ces vaisseaux pénètrent dans le corps sont bien évasés : ces trous sont appelés *portes du lait*, mais improprement. Quoi qu'il en soit du nom que portent ces ouvertures, elles fournissent de bonnes indications.

M. Guénon de la Gironde a remarqué que les épis formés par le contre-poil à droite et à gauche de la vulve ont leurs propriétés : ils correspondent au sac ou réservoir du lait placé dans l'intérieur de la bête, et qui est toujours dans un rapport admirable avec ces épis; on peut dire que si la gravure ou écusson est grande, le réservoir du lait est grand et par conséquent le produit abondant; que si, au contraire, la gravure est petite, le réservoir est petit, et, partant, le produit inférieur.

Les épis les plus fins, formés d'un poil court et soyeux, sont les meilleurs; les épis d'un poil gros et hérissé sont les plus mauvais.

Ainsi, on peut dire en général que les vaches dont la gravure ou écusson est formée du poil le plus fin, sont les meilleures, surtout si elles ont, depuis le dedans des cuisses jusqu'à la vulve, la peau de couleur jaunâtre, et si le son qui se détache de cette peau est de même couleur.

La couleur des vaches donne peu d'indications sur leurs qualités lactifères.

La couleur du pis est plus importante que celle des autres parties du corps. La couleur jaune de cette partie est la marque des vaches dont le lait est riche en beurre.

La vache doit être douce, patiente, non chatouilleuse, caressante et aimant à être caressée, se laissant traire facilement par la première personne venue ; elle doit avoir les traits féminins, faire remarquer dans son ensemble et dans ses allures ce je ne sais quoi de délicat et de gentil qui, dans toutes les espèces animales, distingue les femelles. « Méfiez-vous, continue M. Rodat, de ces vaches dont les formes vigoureuses rivalisent avec le taureau : en général elles sont stériles en lait [1]. »

L'âge auquel les vaches doivent être employées à la reproduction, varie de dix-huit mois à trois ans ; il n'est pas nécessaire que le développement en soit terminé. Les génisses qui ont été nourries avec abondance peuvent être fécondées un an et plus, avant celles qu'on a nourries avec parcimonie.

II.

PREMIERS SOINS à DONNER AUX ANIMAUX MALADES.

Toutes les parties du corps des animaux sont sujettes à quelques maladies, qui sont trop nombreuses pour que je veuille même les énumérer.

Je me bornerai à citer les principales, et j'indiquerai quelques remèdes que la pratique a démontrés efficaces, et que tout éleveur doit connaître, car

1. Le Cultivateur Aveyronnais, page 135.

malheureusement le vétérinaire n'est pas toujours appelé, soit qu'on ne puisse pas en avoir à volonté, soit qu'une fortune médiocre recule devant une dépense souvent assez forte pour un animal de peu de valeur, ou pour un cas dont on ne connaît pas toute la gravité.

On reconnaît qu'un cheval est malade :

Quand il ne mange pas ou qu'il mange moins que d'ordinaire ;

Quand il est triste, qu'il porte la tête basse ou se tient éloigné de la mangeoire au bout de sa longe ;

Quand il tousse, qu'il a la respiration accélérée ;

Quand il s'agite, se tourmente, ou enfin qu'il y a dans sa manière d'être quelque chose d'extraordinaire.

Dès qu'un cheval présente un ou plusieurs de ces signes de maladie, il faut le tenir chaudement en le couvrant, lui faire boire de l'eau blanchie avec de la farine d'orge, lui supprimer l'avoine et le foin, et ne lui donner à manger que de la paille et du barbotage, ne pas le sortir et le surveiller.

Si la tristesse persiste, si les yeux sont rouges, si le flanc est agité, et la température du corps élevée, l'animal est gravement malade.

Quand un cheval tousse seulement, tout en conservant son appétit et sa gaieté, il faut se borner à le tenir chaudement; ne lui donner que de la paille et mettre un peu de miel dans son barbotage.

Si le cheval est triste, a de la peine à manger, s'il a

la bouche chaude et baveuse, et rejette des parcelles d'aliments par les naseaux, c'est le signe d'une inflammation de la gorge ; il faut envelopper le cou avec une peau de mouton ou avec toute autre chose capable de maintenir la chaleur dans cette région.

Lorsque le cheval s'agite, se couche, se roule sur le sol, se relève pour se recoucher de suite, regarde son flanc, se plaint et se campe comme pour uriner, c'est l'indice qu'il est affecté de coliques; on doit faire bouchonner l'animal, le bien couvrir, le promener, lui donner quelques lavements tièdes, le réchauffer par des breuvages chauds, de plantes aromatiques, de vin, en y ajoutant une ou deux cuillerées d'éther.

Lorsqu'après une grande fatigue ou un très-long repos, un cheval a de la difficulté pour marcher, s'il a les pieds chauds, les membres postérieurs engagés sous le ventre et les antérieurs portés en avant, il est *fourbu* : dans ce cas, on lui soulagera les pieds en faisant desserrer les fers et en les maintenant seulement par quelques clous. On entourera les pieds de linges que l'on entretiendra humides avec eau vinaigrée ; si une rivière est à proximité, on y conduira l'animal et on le laissera, si le temps le permet, plusieurs heures dans l'eau jusqu'au-dessus des boulets.

Il sera mis au régime blanc, paille et barbotage ; et on ne lui donnera à manger ni foin, ni avoine surtout. Une saignée est toujours indiquée.

De la saignée.

La saignée étant un des moyens de guérison le plus souvent employés par tous ceux qui ont des animaux, je vais en dire quelques mots, avant de continuer.

La saignée se pratique sur plusieurs parties du corps ; mais celle du cou, à la jugulaire, étant la plus facile, je l'indiquerai de préférence aux autres.

Non-seulement il est facile de saigner, mais les résultats de cette opération sont d'autant plus prompts et plus efficaces, qu'on peut tirer en un instant beaucoup de sang, et porter ainsi un secours immédiat aux animaux menacés d'inflammation, atteints de fourbure ou de fortes coliques.

Le sang doit toujours être reçu dans un vase afin d'en connaître exactement la quantité et de pouvoir en apprécier la qualité.

Après la saignée, que l'on pratique avec un instrument nommé *flamme*, on ne saurait prendre trop de précautions pour placer l'épingle. Il faut faire attention à ne pas tirer la peau lorsqu'on rapproche les lèvres de l'ouverture; il pourrait en résulter un trombus, qui consiste dans le passage du sang de la veine sous la peau, accident grave, long à guérir, et qui peut même causer la gangrène ou autres accidents qui sont souvent suivis de la mort. Nous parlons toujours de la saignée sur le cheval.

Car la saignée au cou sur les animaux de l'espèce bovine n'offre en général aucune gravité ; elle est presque toujours sans danger.

Après avoir lavé la saignée, il est toujours bon d'attacher le cheval au râtelier, en sorte qu'il ait la tête plutôt élevée que basse, et pour qu'il ne puisse pas se frotter contre la mangeoire ou autres corps durs.

Après deux heures de repos, on peut donner à manger, car en règle générale, tous les animaux doivent être saignés étant à jeun, quand il n'y a pas urgence.

On reconnaît qu'un animal a besoin d'être saigné aux symptômes suivants :

1º Lorsqu'il passe promptement de l'état de maigreur à celui d'embonpoint ;

2º A la rougeur des membranes muqueuses qui tapissent l'intérieur des paupières et des naseaux ;

3º A la chaleur et à l'inflammation de la bouche ;

4º A la diminution sensible de l'appétit et de la gaieté, lorsque l'animal tourne à l'obésité ;

5º Au poil piqué ;

6º Aux excréments durs et coiffés ;

7º A la dureté et à la plénitude du pouls.

La saignée est aussi favorable aux femelles qui ne refroidissent pas, ou qui n'emplissent pas ; et dans ce dernier cas, une saignée donnée aussitôt après la saillie de l'étalon, produit souvent un bon effet.

Le maniement du pouls étant le moyen le mieux

assuré de constater le véritable état de la circulation du sang, il est à noter comment on l'explore chez les individus d'espèces diverses.

L'exploration du pouls a lieu : 1° chez le *cheval*, ordinairement sur l'artère sortant de l'auge, vulgairement ganache, et remontant vers la face ; 2° chez le *bœuf*, aux artères situées à la face inférieure de la base de la queue ; 3° chez les petits animaux, à l'artère radiale, comme chez l'homme. Cette artère est située dans le sillon marqué au-dessus du genou, à la face interne du membre antérieur entre les muscles et l'os.

Voici maintenant à quoi on reconnaît que le pouls bat régulièrement et que l'animal est en santé :

Le pouls *du cheval* bat de 36 à 40 fois par minute ;
Celui *de l'âne* et du *mulet*, de 46 à 50 ;
Celui *du bœuf*, de 45 à 50 ;
Celui *du mouton, de la chèvre* et *du porc*, de 70 à 80 fois par minute.

Pour le pouls, comme pour la respiration, les nombres sont plus forts chez les jeunes animaux.

Claudications ou boiteries.

Quand un cheval boite, on doit examiner le membre, le palper dans toute son étendue pour s'assurer si quelque partie est douloureuse.

Si la région tendineuse est engorgée et douloureuse, c'est l'indice d'un effort (*effort de tendon*) ou d'une contusion (*nerf-férure*). Si le boulet est gros, porté en avant, douloureux, il peut y avoir *entorse ou effort du boulet;* il faut, dans l'un ou l'autre de ces cas, faire prendre des bains très-prolongés au membre malade, soit dans une rivière, soit dans un seau profond dont on renouvellera l'eau très-souvent; si la douleur persiste, on fera des frictions résolutives.

Dans le pli du paturon existent parfois des crevasses, lorsque le terrain est boueux; il faut couper les poils autour de la plaie, calmer la sensibilité par des cataplasmes, puis saupoudrer la plaie avec du charbon de bois pulvérisé, éviter de faire passer les chevaux dans l'eau et dans la boue.

Quand les membres ne présentent rien qui puisse donner raison de la boiterie, il faut explorer le pied, qui est le siége du plus grand nombre des boiteries. On fait déferrer le pied par le maréchal, sonder le pied en le pinçant avec les tricoises; on peut trouver que les clous implantés dans le pied gênent les tissus vivants; alors on fait dégager l'entrée de ces clous, on y verse un peu d'essence de térébenthine, on fait remettre le fer, moins les clous correspondant à l'endroit lésé.

Un clou étranger (*clou de rue*) peut s'être implanté dans la sole ou dans la fourchette, et pénétrer jusqu'au vif. On doit retirer le clou, amincir la corne, mettre un peu d'étoupes avec un corps gras.

On peut trouver une *bleime* : c'est une meurtrissure des talons, qui se reconnaît à la teinte rouge de la corne de la sole vers cette région, on fait amincir la corne sur la partie malade, poser dessus des étoupes graissées, qui seront maintenues par un fer à planche.

Sur la paroi il peut y avoir une *seime* : c'est une fente de la corne ; elle peut aller jusqu'au vif et pincer le tissu dans la marche. Aux pieds de derrière, la seime se remarque en pince (*seime en pince*) ; aux pieds antérieurs on ne l'observe que sur les quartiers externes ou internes, *seime quarte*.

Lorsqu'une seime fait boiter, il faut calmer la douleur par des cataplasmes et appliquer un fer à planche pour la seime quarte ; pour celle en pince, on serre fortement le pied par plusieurs tours d'un ruban de gros fil, afin de limiter l'écartement de la fente du sabot.

Comme règle hygiénique, les animaux boiteux ne doivent pas être promenés ; on leur procurera une bonne litière, et si leur séjour à l'écurie se prolonge, on diminue leur ration d'avoine et on les rafraîchit par des barbotages.

Maladies des organes digestifs.

L'étendue et la complication de l'appareil digestif des herbivores renferment la raison des désordres fréquents dont il est le siége. Les éléments nutritifs contenus dans les végétaux étant minimes, relativement à leur masse, il en résulte que les animaux s'en nourrissant exclusivement demandent des quantités énormes de substances végétales pour calmer la faim.

La disposition naturelle des organes de la digestion empêche encore les herbivores de rejeter par le vomissement le contenu de l'estomac, quand il leur pèse. Le porc et le chien, au contraire, vomissent avec facilité.

Les maladies de l'appareil digestif trouvent la cause de leur fréquence dans une alimentation défectueuse. Une nourriture surabondante, insuffisante, avariée, etc., est leur principale raison d'être.

Indigestion.

On appelle indigestion le trouble passager et subit des fonctions digestifs ; il survient ordinairement quelques heures après l'ingestion des aliments.

Tous les animaux y sont sujets.

Symptômes. — Ils refusent les aliments, s'éloignent de la mangeoire ; la respiration est profonde ; les bâillements sont fréquents. Le cheval regarde son flanc, se couche, se relève, se roule ; le corps se couvre de sueurs. La marche de l'indigestion est très-rapide, elle ne se prolonge guère au delà de vingt-quatre heures.

Traitement. — Promenade, bouchonnement et lavement d'eau salée, breuvage avec infusion de camomille et une ou deux onces d'éther sulfurique.

Indigestion des ruminants, tympanite.

Les troubles digestifs chez les ruminants ont pour conséquence l'irrégularité ou la cessation de la rumination. Ce symptôme se présente dans toutes les maladies ayant quelque gravité.

Symptômes. — Au défaut d'appétit, à la rumination lente, irrégulière, succède la suspension de cette fonction, le creux du flanc gauche se remplit, l'animal se météorise. Si par de prompts secours on ne parvient pas à évacuer les gaz, l'asphyxie, une rupture de la panse, du diaphragme, mettent bientôt un terme à la vie.

Le premier moyen à employer est tout mécanique; il consiste dans la compression. Le côté droit du malade est placé contre une paroi résistante. Les deux mains croisées et appliquées sur le flanc gauche, on exerce une compression forte et continue; de temps à autre on fait exercer, par un aide, une légère traction sur la langue.

Si ce moyen ne donne pas de résultat, on administre 15 à 20 grammes d'ammoniaque liquide dans un demi-litre d'eau, et on renouvelle cette dose après quelques minutes.

L'administration d'huile et de lait mélangés donne quelquefois de bons résultats.

Lorsqu'on a épuisé ces médications sans obtenir d'amendement, il reste l'application de la sonde œsophagienne facile à employer ; et enfin le trocart qui sert à ponctionner le rumen ou la panse. On fait la ponction toujours dans le flanc gauche et au milieu ; on enfonce le trocart d'un seul coup, avec la main, on retire la pointe et on laisse la canule dans l'ouverture. Les gaz se dégagent aussitôt, et l'animal est soulagé. Si le rumen est rempli d'aliments, alors il y a météorisation avec surcharge, la ponction ne suffit pas, on fait usage d'infusion de camomille, d'absinthe, de décoction de gentiane, etc.

Maladie des bois.

On désigne sous ce nom une maladie consistant en une inflammation de l'estomac et de l'intestin et qui s'étend aux reins et à la vessie ; elle attaque surtout les bêtes bovines, le cheval et le mouton.

Cette maladie est exclusive aux animaux qui, au printemps, pâturent dans les taillis et les bois ; l'insuffisance de la nourriture les porte à manger les bourgeons résineux et les jeunes pousses des arbres.

Cette affection commence par une inflammation des organes digestifs : chaleur de la bouche, soif, déjections dures, noirâtres, enveloppées d'une couche de mucosités ; urines rouges, sanguinolentes, d'une odeur pénétrante.

Traitement. — Une petite saignée, des breuvages émollients, décoction de graines de lin, lavements. Mais avant tout mettre un terme à la cause et donner une nourriture rafraîchissante : des carottes, des pommes de terre cuites, des farineux, etc.

Ictère.

L'ictère ou *la jaunisse* est causée par une inflammation du foie, et toute espèce d'obstacle qui empêche l'excrétion de la bile ou son libre écoulement.

L'ictère débute sans fièvre ; les muqueuses apparentes des yeux, de la bouche, présentent une teinte jaune très-prononcée ; les urines sont aussi colorées en jaune, le cheval est triste avec un pouls plein.

Traitement. — On commence par un purgatif avec sulfate de soude. Si la jaunisse ne cède pas, on donne 20 grammes d'aloès. Régime succulent, laxatif, composé d'herbes, de carottes surtout, boissons acidulées.

Corps étrangers dans l'œsophage.

Des substances alimentaires trop volumineuses pour traverser l'œsophage, y restent enclavées et déterminent, de la part des animaux, des efforts de réjection. Comme ces corps, qui sont ordinairement des pommes de terre, des navets, des carottes, exercent une compression sur la trachée, la respiration devient difficile, anxieuse, la météorisation survient et la mort est imminente.

Traitement. — Si le corps est mou, on le comprime du dehors ; mais il faut agir doucement. Ne se prêtant point à cette division, on applique les deux pouces en dessous, et on le pousse vers la bouche ; une petite main introduite dans la bouche saisit le corps étranger, et l'animal est aussitôt soulagé. Mais il y a une précaution indispensable : c'est de maintenir solidement l'écartement des mâchoires. Ce moyen n'étant pas couronné de succès, on prend la sonde œsophagienne, et, à défaut, une baguette flexible et solide, dont une extrémité est enveloppée d'une petite pelote ; on l'enduit d'un corps gras et on l'introduit dans l'œsophage, pour pousser le corps étranger vers l'estomac. On donne quelques breuvages avec de l'huile pour faciliter le passage.

Rétention d'urine.

L'urine, ne pouvant s'excréter, s'accumule dans la vessie, maladie très-fréquente sur le bœuf ; on l'appelle aussi la maladie de *la pierre*.

Outre les phénomènes de colique, l'animal se campe et fait des efforts pour uriner. L'exploration de la vessie par le rectum fait sentir le réservoir plein, tendu. La rétention se prolongeant, la fièvre survient, puis la gangrène et la rupture de la vessie.

La rétention d'urine est déterminée presque toujours par un calcul arrêté dans e canal de la verge.

Une fois le calcul bien constaté, il ne reste plus qu'à livrer l'animal à la consommation, et surtout ne pas attendre que la vessie soit rupturée, car dans ce cas, la viande, ayant une odeur d'urine très-prononcée, ne peut être utilisée par la boucherie.

Fièvre aphtheuse (ou cocotte).

Maladie très-fréquente depuis quelques années dans notre contrée. Elle sévit principalement sur les animaux de l'espèce bovine; le mouton, la chèvre et le porc en sont aussi atteints. Cette affection est très-contagieuse, elle se caractérise par une éruption bulleuse de la muqueuse de la bouche, soit isolée, soit accompagnée d'une éruption identique aux pieds, dans l'espace interdigité et aux mamelles.

La fièvre caractérise le début; légère d'abord. Vers le deuxième ou le troisième jour, la muqueuse de la bouche se couvre d'aphthes ; cette éruption atteint aussi les pieds ; les animaux bavent énormément, et ils ont une grande difficulté pour marcher.

La maladie prend ordinairement une marche bénigne ; la guérison a lieu du huitième au quinzième jour.

Causes.—L'affection étant presque toujours épizootique, apparaît dans toutes les saisons, quels que soient le régime et les conditions sous l'empire desquels vivent les animaux; elle n'épargne pas même les bêtes fauves.

Traitement. — Il est des plus simples : des boissons rafraîchissantes, des gargarismes, dans la bouche, d'eau vinaigrée au moyen d'un bâton dont un bout est enveloppé de linge. Pour les pieds on applique des linges trempés dans de l'eau blanche; on lave les sabots avec de l'eau de chaux. Nous nous sommes bien trouvé de l'emploi de l'acide phénique en gargarisme et en lotions sur les peids.

Le régime est important : donner des aliments de facile mastication et en petite quantité; litière souvent renouvelée dans la journée.

Mesures de police sanitaire.

La contagion de la cocotte constitue un fait irrécusable, indépendamment de la désinfection des étables où se trouvent les animaux malades; il est urgent de les séquestrer et de leur empêcher toute communication avec les autres animaux.

La pratique de l'inoculation a été recommandée contre la cocotte ; et quoiqu'elle ne soit pas un préservatif, elle offre néanmoins des avantages que l'on ne saurait méconnaître. La maladie artificielle est plus bénigne que l'affection naturelle ; elle provoque rarement l'éruption aux pieds. Le lait des vaches atteintes de la cocotte ne doit pas être utilisé.

Maladies des organes de la respiration.

L'inflammation de la muqueuse respiratoire avec supersécrétion constitue le catarrhe de l'appareil respiratoire. Il peut envahir toute la muqueuse ou se borner à l'une de ses régions, et, dans ce dernier cas, il prend le nom de la région où il a son siége.

Le catarrhe est simple ou compliqué, aigu ou chronique.

Gourme du cheval.

Cette maladie catarrhale lymphatique, propre au jeune âge, sévit sur tous les animaux en général; il est rare que le cheval en soit attaqué plus d'une fois dans le cours de sa vie, si la maladie a suivi sa marche régulière.

La gourme débute par la rougeur et la sécheresse de la muqueuse nasale. Au bout de quelques jours, cette membrane sécrète un fluide limpide, qui peu à peu s'épaissit et prend un aspect blanc, jaunâtre, opaque; il y a tuméfaction des ganglions de l'auge, ils sont chauds et douloureux; peu à peu la tumeur se ramollit et arrive à maturité. La durée totale de la maladie est de deux à quatre semaines.

Traitement. — La gourme bénigne ne demande pas une médication spéciale. Les engorgements de l'auge sont conduits à maturité par des onctions émollientes, des cataplasmes, puis on les ouvre avec une pointe de feu chauffée à blanc. Des fumigations avec mauves bouillies favorisent la sortie du jetage. Eau blanchie pour boisson, etc.

Pleuropneumonie.

Inflammation du tissu pulmonaire et des plèvres : cette affection, propre à tous les animaux domestiques, attaque de préférence le cheval.

La maladie débute par de la fièvre. La respiration est brève, accélérée, laborieuse, s'exécute par des mouvements très-prononcés des côtes, des flancs et des naseaux. Le malade fait entendre une toux courte, avortée, douloureuse.

Le pouls petit, concentré, irrégulier, vibrant, constitue un symptôme grave dans la pneumonie ; c'est un bon signe, s'il se relève et devient plus libre après la saignée.

Traitement. — Les secours doivent être prompts ; il faut commencer par une saignée de cinq à six litres à la jugulaire, que l'on répète moins forte le même jour ou le lendemain au plus tard. Aussitôt que les saignées ont calmé la fièvre, on applique des révulsifs, les sétons au poitrail ou sur les côtes, vésicatoire sous la poitrine, frictions de moutarde aux quatre membres, miel avec poudres de guimauve et émétique à l'intérieur.

A ces moyens médicamenteux viennent se joindre la diète absolue, un séjour tempéré, et, comme nourriture pendant la convalescence, le vert et les carottes.

Morve.

Maladie propre au genre cheval, contagieuse aux animaux de la même espèce et à l'homme lui-même. Les principaux caractères sont : jetage d'une matière puriforme, d'un seul côté, peu abondante, adhérente aux ailes du nez, moins souvent par les deux naseaux ; tuméfaction et induration des ganglions de l'auge, les glandes sont attachées aux maxillaires et n'arrivent jamais à maturité comme dans la gourme, puis en ouvrant les naseaux on aperçoit sur la muqueuse pituitaire des ulcérations dites *chancres*. Quand tous ces signes sont réunis, l'animal est morveux, et il faut le faire abattre et enfouir le plus tôt possible.

Causes. — La morve se manifeste comme maladie secondaire à la suite de gourme négligée, de longues suppurations, de travaux excessifs et souvent par contagion, dont la matière active réside principalement dans le jetage purulent.

Mesures de police sanitaire.

Il faut toujours, en règle générale, isoler des autres animaux les chevaux qui jettent par les naseaux. Le local où a séjourné un cheval reconnu morveux doit être désinfecté ; on y procède en le lavant avec du chlorure de chaux, puis en le blanchissant au lait de chaux, deux ou trois couches. L'homme qui a soigné un cheval morveux aura soin de se laver les mains avec du savon.

Tous les harnais qui ont servi à un cheval morveux ne doivent pas être utilisés avant d'avoir été désinfectés et réparés.

Soins hygiéniques a donner aux femelles pleines.

La gestation est le temps qui s'écoule depuis le moment de la fécondation jusqu'à la mise en bas.

Ce temps est employé au développement des organes du nouvel individu.

La durée de la gestation n'est pas toujours la même chez les femelles domestiques. La moyenne donne :

Jument, 340 jours. Période la plus courte, 330 jours ; la plus longue, 419.

Vache, 285 jours. Période la plus courte, 240 jours ; la plus longue, 321.

Brebis et chèvre, 154 jours. Période la plus courte, 146 ; jours la plus longue, 158.

Truie, 120 jours. Période la plus courte, 109 jours; la plus longue, 133.

Chienne, 63 jours.

Chatte, 56 jours.

Lorsque la gestation approche de son terme, la nature prélude à la mise bas par des signes non équivoques : les reins fléchissent; la croupe est plus lâche; les flancs se creusent; la vulve sécrète un mucus plus abondant; les mamelles gonflent et donnent du lait ; les femelles deviennent pesantes dans la marche.

La parturition comprend l'expulsion du fœtus hors de la matrice.

L'allaitement est la première fonction que la mère remplit; l'instinct pousse le jeune animal à rechercher les mamelles de sa mère, qui ont préparé un aliment, le *lait,* dont il retire en peu de temps et sans effort une grande portion des parties nutritives nécessaires à la rapidité de son accroissement.

L'exercice est aussi favorable aux vaches pleines qu'aux juments; on peut sans inconvénients les faire travailler, surtout celles qui ne donnent pas de lait, jusqu'aux approches du part. Les vaches qui font beaucoup d'exercice mettent bas facilement. Si la vache est grasse, il faut la nourrir avec modération pendant le dernier mois de la gestation.

La rosée, surtout la gelée blanche, l'eau trop froide, les fortes chaleurs, les insectes, etc., sont nuisibles aux vaches pleines comme à toutes les femelles domestiques qui sont dans l'état de gestation.

Les femelles pleines doivent être conduites avec douceur et précaution ; on ne doit jamais les presser pour les faire passer par les portes. On les éloignera des pâturages humides et en pente, où elles pourraient faire des glissades; on veillera à ce qu'elles ne se battent pas entre elles, qu'elles ne soient pas battues par les autres animaux, ni poursuivies par les mâles.

Soins de la mère pendant le part.

Il ne faut jamais se presser de secourir une vache qui a de la peine à mettre bas; il faut attendre les résultats de ses efforts. Quelquefois le veau se présente mal; pour cela, il faut une science et une adresse qu'on ne trouve guère que dans un homme de l'art.

Lorsque le part est terminé, on bouchonne la vache, on la couvre et on la laisse tranquille, il faut lui donner de l'eau tiède blanchie avec de la farine.

On doit préserver les vaches fraîches vêlées, de la pluie, du froid, du vent, etc. ; ne les mettre au pâturage que lorsque le temps est beau et après que l'irritation produite par le part est un peu calmée.

Il faut éviter, pendant les premiers jours, de les laisser coucher sur la terre humide.

Les vaches qui sont ordinairement entretenues à l'étable et qui sont trop grasses, sont exposées après le part à contracter une maladie très-fréquente nommée **fièvre laiteuse**.

Fièvre vitulaire ou laiteuse.

Maladie exclusive à la vache, survenant tout à coup du deuxième au cinquième jour après le part. Elle consiste en une congestion des centres nerveux.

La vacillation de la marche précède de quelques heures la chute de l'animal ; il reste couché , la tête repliée vers l'épaule gauche. Ces phénomènes sont accompagnés de constipation, d'un pouls vite, irrégulier, du ralentissement de la respiration. Les yeux sont frappés de cécité ; la paralysie atteint les membres postérieurs.

La fièvre vitulaire attaque de préférence les bonnes vaches, grasses, bien nourries et n'ayant pas assez d'exercice.

Traitement. — On ne saurait trop se hâter de pratiquer une large saignée au cou ou à la veine abdominale. La liberté du ventre est un point essentiel ; on administre dans une décoction de graine de lin, une quantité de sulfate de soude, de magnésie. Les lavements au savon, au sel éveillent l'intestin, et secondent l'effet du purgatif ; les frictions avec vinaigre chaud contribuent à rappeler la sensibilité de la peau. Le mouvement, une saignée chez les animaux fort pléthoriques, tels sont les moyens propres à prévenir l'invasion de ce mal redoutable.

III.

DES ROBES OU POILS.

La robe est l'ensemble des poils et des crins qui recouvrent un animal. La définition des robes ne laisse pas que d'être intéressante, et offre encore assez de difficultés ; je crois utile d'en dire quelques mots.

Noire.

Les robes noires ont plusieurs nuances, savoir :
1° Noir jais réfléchissant une couleur brillante.
2° Noir franc, noir proprement dit.
3° Noir mal teint, moins foncé, tirant un peu sur le roux.
4° Noir lavé, plus pâle que le précédent, ayant un léger rapport avec le fauve.

Blanche.

La robe blanche ne présente que deux espèces :
1° Le blanc mat, ou blanc proprement dit.
2° Le blanc sale, tirant sur le jaunâtre.

Bai.

C'est le plus commun de tous les poils, quoique le plus distingué et le plus recherché ; il est rouge, et a pour caractère distinctif les extrémités des jambes, la crinière et la queue noires :
1° Bai clair, rouge lavé.
2° Bai cerise, couleur du fruit qui porte ce nom ; c'est aussi la couleur de l'acajou.
3° Bai doré, réfléchissant la couleur de l'or.
4° Bai châtain, couleur de la châtaigne.
5° Bai marron, plus foncé que le précédent, couleur du marron d'Inde : c'est le mélange du bai-

brun et du bai-cerise ; la nuance brune occupant les parties supérieures du corps et la nuance de feu se faisant remarquer au bout du nez, à la partie inférieure des côtes, aux flancs et aux fesses.

6° Bai fauve, tirant sur le roux ou jaunâtre.

7° Bai brun, marron foncé, tirant sur le noir.

8° Bai miroité : ce nom s'applique à différents poils bais, chaque fois que sur le corps, et principalement sur la croupe, il existe des taches d'une nuance plus obscure que la robe.

Alezan.

Le poil alezan se rapproche assez du bai, si ce n'est que les extrémités et les crins, au lieu d'être noirs, sont de la même couleur que la robe.

1° Alezan brûlé, rouge sombre et brun.

2° Alezan doré, fond clair, réfléchissant la couleur dorée.

3° Alezan clair, espèce de bai roux, peu foncé.

4° Alezan poil de vache, même nuance que le précédent, avec les crins, les flancs, le ventre et l'intérieur des cuisses lavés de blanc.

5° Alezan fauve, se rapprochant de la couleur des bêtes fauves.

Gris.

Le poil qui est le plus varié de tous, c'est un mélange de blanc et de noir.

1° Gris proprement dit, mélange égal de poils noirs et blancs.

2° Gris pommelé, lorsqu'il y a sur le corps et sur la croupe des taches plus foncées que le fond de la robe.

3° Gris truité, lorsque la robe est parsemée de petites taches de la même couleur que celles de la truite.

4° Gris moucheté, robe parsemée de taches noires.

5° Gris clair, prédominance de poils blancs sur les noirs.

6° Gris foncé, prédominance de poils noirs sur les blancs.

7° Gris ardoisé, bleu tirant sur l'ardoise.

Dans ces robes, les crins et les extrémités sont presque toujours noirs.

8° Gris étourneau, gris sale foncé, parsemé de taches lavées de blanc.

Pie.

Cette robe singulière est peu agréable à l'œil et peu recherchée. C'est un mélange de blanc et de couleur baie, noir ou alezan, formant de grandes plaques imitant assez bien la couleur de l'oiseau qui porte ce nom.

Il y a le pie noir, pie bai, pie isabelle, pie fleur de pêcher.

Les crins subissent les mêmes variations que les couleurs de la robe.

Isabelle.

Cette robe est peu commune ; elle est assez variée et toujours accompagnée de la raie de mulet, des crins noirs et des extrémités noires ou zébrées.

1° Isabelle proprement dit est jaune clair et mat.
2° Isabelle clair, prédominance du reflet blanc.
3° Isabelle doré, jaune plus éclatant et doré.
4° Isabelle café au lait, mélange de jaune obscur avec du blanc sale.

Rouan.

Cette robe est un mélange de trois poils dont les nuances se distinguent ainsi :

1° Rouan proprement dit, mélange égal de rouge, de blanc et de rouge.
2° Rouan clair, prédominance du blanc sur les deux autres couleurs.
3° Rouan vineux, prédominance du noir.
Les chevaux rouans ont généralement les extrémités et les crins noirs.

Aubère.

Cette robe, dite aussi mille-fleurs, est à peu près de la couleur de la fleur du pêcher ; c'est un mélange en proportions diverses de rouge et de blanc ; elle est au rouan ce que l'alezan est au bai.

Souris.

La couleur de ce petit animal a donné son nom au cheval de ce poil; beaucoup, avec cette robe, ont la raie de mulet sur le dos.

Marques distinctives.

Le cheval marqué en tête porte une marque blanche de différentes formes.

1° Ronde ou à peu près, elle est dite pelote.

2° Allongée sur le nez, elle est dite lisse.

4° Les taches blanches aux lèvres, aux paupières, sont dites taches de ladre.

Les marques blanches aux extrémités s'appellent *balzanes*; très-hautes, elles sont dites *haut chaussées*; à moitié canon, *balzanes ordinaires*; jusqu'au boulet, *petites balzanes*; *principes de balzanes*, lorsqu'elles n'occupent que la couronne; et *traces de balzanes*, lorsqu'elles n'en font pas entièrement le tour.

On appelle *zain*, la robe uniforme, sans marques blanches.

L'*épi* est une partie de poils à contre-sens.

ROBES DE L'ESPÈCE BOVINE.

Les robes, dans l'espèce bovine, offrent de nombreuses variétés. La robe bai n'existe pas dans l'espèce bovine. La robe la plus commune est la robe *fauve clair*, que l'on désigne dans tous les pays sous le nom de *froment*, par comparaison avec la couleur de l'écorce de ce grain.

Le noir, le blanc et le souris sont, après les variétés du rouge, les robes que l'on rencontre le plus fréquemment; mais les robes *pies* sont les plus communes de toutes, et se forment avec toutes les autres nuances indiquées.

En général, les bœufs à cuir fin, souple, propres à la boucherie, sont presque toujours de poil assez clair, tandis que les bœufs à cuir dur, épais, et les plus propres au travail, sont d'une robe plus foncée.

IV.

DE LA GARANTIE ET DES VICES RÉDHIBITOIRES DANS LE COMMERCE DES ANIMAUX.

On appelle vices ou cas rédhibitoires les maladies ou défauts dont l'existence est une cause de nullité pour la vente d'un animal domestique.

La loi du 20 mai 1838 établit une règle uniforme pour toute la France, donne le tableau des maladies ou défauts rédhibitoires, et prescrit la longueur du délai.

Loi du 20 mai 1838.

ARTICLE 1er.

Sont réputés vices rédhibitoires et donneront seuls ouverture à l'action résultant de l'article 1641 du Code civil, dans les ventes ou échanges des animaux domestiques, ci-dessous dénommés, sans distinction des localités où les ventes et échanges auront lieu, les maladies ou défauts ci-après, savoir :

Pour le cheval, l'âne ou le mulet.

La fluxion périodique,
L'épilepsie ou le mal caduc,
La morve,
Le farcin,
Les maladies anciennes de poitrine ou vieilles courbatures,
L'immobilité,
La pousse,
Le cornage chronique,
Le tic sans usure de dents,
Les hernies inguinales intermittentes,
La boiterie intermittente pour cause de vieux mal.

Pour l'espèce bovine.

La phthisie pulmonaire ou pommelière,
L'épilepsie ou mal caduc.

Les suites de la non-délivrance,
Le renversement du vagin ou de l'utérus, } Après le part chez le vendeur

Pour l'espèce ovine.

La clavelée : cette maladie, reconnue chez un seul animal, entraînera la rédhibition de tout le troupeau. La rédhibition n'aura lieu que si le troupeau porte la marque du vendeur.

Le sang de rate : cette maladie n'entraînera la rédhibition du troupeau qu'autant que, dans le délai de la garantie, la perte constatée s'élèvera au quinzième au moins des animaux achetés.

Dans ce dernier cas, la rédhibition n'aura lieu également que si le troupeau porte la marque du vendeur.

ARTICLE 2.

L'action en réduction du prix, autorisée par l'article 1644 du Code civil, ne pourra être exercée dans les ventes et échanges d'animaux énoncés dans l'article 1er ci-dessus.

ARTICLE 3.

Le délai pour intenter l'action rédhibitoire sera, non compris le jour fixé pour la livraison :

De trente jours pour le cas de fluxion périodique des yeux et d'épilepsie ou mal caduc.

De neuf jours pour tous les autres cas.

ARTICLE 4.

Si la livraison de l'animal a été effectuée ou s'il a été conduit, dans les délais ci-dessus, hors du domicile du vendeur, les délais seront augmentés d'un jour par cinq myriamètres de distance du domicile du vendeur au lieu où l'animal se trouve.

ARTICLE 5.

Dans tous les cas, l'acheteur, à peine d'être non recevable, sera tenu de provoquer, dans les délais de l'article 3, la nomination d'experts chargés de dresser le procès-verbal ; la requête sera présentée au juge de paix du lieu où se trouvera l'animal.

Ce juge nommera immédiatement, suivant l'exigence des cas, un ou trois experts, qui devront opérer dans le plus bref délai.

ARTICLE 6.

La demande sera dispensée du préliminaire de conciliation, et l'affaire instruite et jugée comme matière sommaire.

ARTICLE 7.

Si, pendant la durée des délais fixés par l'article 3, l'animal vient à périr, le vendeur ne sera pas tenu de la garantie, à moins que l'acheteur ne prouve que la perte de l'animal provient de l'une des maladies spécifiées dans l'article 1er.

ARTICLE 8.

Le vendeur sera dispensé de la garantie résultant de la morve et du farcin pour le cheval, l'âne ou le mulet, et de la clavelée pour l'espèce ovine, s'il prouve que l'animal, depuis la livraison, a été mis en contact avec des animaux atteints de ces maladies.

Mise en règle en cas de vices rédhibitoires.

Un animal supposé dans les vices rédhibitoires, son acquéreur sollicite du juge de paix de l'endroit où se trouve l'animal, de vouloir nommer pour expert un vétérinaire qui constate par un procès-verbal les vices dont il peut être affecté.

Cette mesure prise dans le délai de la garantie, on assigne le vendeur à comparaître devant le tribunal compétent, pour s'y voir condamner à reprendre l'animal qu'il a vendu, attendu le vice rédhibitoire dont il est atteint.

A dater de la demande en garantie, l'acheteur doit mettre l'animal en fourrière.

PETIT

DICTIONNAIRE AGRICOLE

ET

VÉTÉRINAIRE.

PETIT DICTIONNAIRE AGRICOLE ET VÉTÉRINAIRE.

A

Abattre. Tuer un bœuf, un cheval.
Abdomen. Ventre, cavité renfermant l'estomac et les intestins.
Abdominal. Appartenant à l'abdomen.
Absorption. Fonctions des plantes et des animaux. Absorption des liquides du sol par les racines — absorption des produits de la digestion par les vaisseaux qui les portent au sang.
Acétates. Sels de l'acide acétique.
Acides. Composés chimiques s'unissant aux bases pour former des sels. La plupart sont formés d'oxygène et d'un autre corps simple qui leur donne son nom.
Acide acétique. Acide du vinaigre.
Acide azotique. Acide de l'azote, acide du salpêtre.
Acide carbonique. Acide du charbon.
Acide citrique. Acide du jus de citron.
Acide chlorhydrique. Acide formée de chlore et d'hydrogène.
Acide malique. Acide du jus de pomme.
Acide nitrique. Voyez acide azotique.
Acide oxalique. Acide du jus d'oseille.
Acide phosphorique. Acide du phosphore.
Acide silicique. Acide de la silice, matière des cailloux.
Acide sulfurique. Acide du soufre
Acide tartrique. Acide du tartre ; matière de la lie de vin.
Adulte. Dont la croissance est achevée. Ex. : animal adulte.
Aération. Action d'aérer, de donner de l'air, de renouveler l'air.

Agents. Corps ou fluides capables d'exercer une action.
Agents atmosphériques. Eléments actifs de l'air.
Agents chimiques. Causes produisant des actions chimiques.
Agents physiques. Causes des phénomènes physiques.
Agents des fermentations. Corps influant sur les fermentations.
Agnelage. Epoque de la naissance des agneaux.
Air. Gaz de l'atmosphère.
Air souterrain, air contenu dans la terre des champs.
Albumine. Matière du blanc d'œuf.
Albuminoïdes. Corps d'une nature chimique analogue à celle de l'albumine.
Alcali. Bases verdissant le sirop de violettes : potasse, soude, ammoniaque.
Alcalins. Ayant la propriété des alcalis.
Alcali-terres. Nom commun donné à la chaux, à la baryte et à la magnésie.
Alcaloïdes. Alcalis organiques : quinine, morphine, nicotine, etc.
Alcool. Matière de l'eau-de-vie.
Aliments. Nourriture des animaux.
Aliments plastiques. Propres à faire la chair (*albuminoïdes*).
Aliments respiratoires. Brûlés dans la respiration (*hydro-carbonés*).
Aliments gras. Contenant un excès de corps gras.
Aliments salins. Contenant un excès de sels.
Allonge. Tube de chimie s'adaptant aux cornues.

Alternance. Système dans lequel on cultive tour à tour dans le même champ, les plantes des divers groupes agricoles.

Alumine. Base chimique de l'argile et de l'alun.

Alun. Sulfate de potasse et d'alumine.

Amandine. Matière albuminoïde des amandes.

Amendements. Opérations changeant la nature des terres. Ex. : drainage, — irrigations, — marnages, — chaulages, — terreautage, — phosphatages.

Ameublir. Rendre la terre plus meuble, soulever et diviser le sol arable.

Amiante Minéral en fils incombustibles.

Ammoniaque. Base chimique (A 7 H 40).

Ammoniacal. Ayant de l'ammoniaque.

Ammoniaco. Ammoniaque jointe à une autre base.

Analyse. Opération de chimie, séparation des éléments d'un corps.

Animaux domestiques. Ceux que l'homme a réussi à dompter, à soumettre à sa volonté, et qui habitent avec lui pour lui rendre des services.

Appareil Pièces de chimie disposées pour une expérience.

Appétence. Ex. : Vif désir de prendre les aliments.

Aqueux. Contenant de l'eau.

Arable. Labourable.

Araire. Charrue sans roues.

Arome. Vapeur d'une odeur agréable.

Argile. Matière de la glaise, corps composé d'alumine et de silice.

Argileux. Contenant de l'argile.

Argilo-sableux. Contenant de l'argile et du sable.

Artère. Les artères sont les conduits qui portent le sang du cœur vers les extrémités.

Artificiel. Fait de main d'homme. Opposé à naturel existant dans la nature.

Asphyxie. Privation subite du pouls et des signes extérieurs de la vie.

Assainir les terres. Détruire les matières putrides ou acides qui les rendent impropres à la végétation.

Assimilable. Pouvant servir à former la matière d'une plante, d'un animal.

Assise. Couche de pierre, de sable ou d'argile étendue à l'intérieur de la terre.

Assolement. Partage des terres d'une ferme en soles.

Atmosphère. Couche d'air entourant le globe.

Atmosphère souterraine. Air contenu dans les terres arables.

Auge. Bassin où mangent les porcs.

Avoine. Plante, grain de cette plante.

Azotates. Sels de l'acide azotique.

Azote. Élément de l'air.

Azoté. Contenant de l'azote.

B

Bail — baux. Contrats de fermage.

Balzane. Marque de poil blanc qui vient aux pieds des chevaux.

Balles. Paille entourant les graines des céréales dans leur épi.

Banc. Couche géologique. Voyez *Assise.*

Barrière. Pièce de bois séparant deux animaux.

Barite. Base chimique voisine de la chaux.

Bascule. Balance pour peser les animaux.

Base. — En chimie : oxyde pouvant former un sel avec les acides. *En science*: fondement d'une série de faits ou de conséquences.

Bas-fonds. Terrains en forme de cavités.

Battage. Opération agricole pour séparer les grains de leurs tiges.

Beauce. Contrée agricole (partie d'Eure-et-Loir, du Loiret et de Loir-et-Cher).

Bétail — bestiaux. Animaux domestiques des fermes.

Betterave. Plante — sa racine.

Bière. Boisson d'orge fermentée.

Bile. Liquide sécrété par le foie.

Binaire. Composé de deux corps simples.

Binage. Labour pour désherber.

Bismuth. Métal, — *nitrate de bismuth.* Réactif pour le dosage des phosphates.

Blanc. Degré de chaleur du feu. Fer chauffé à blanc.

Blé. Céréale, son grain.

Blé de saison. Semé avant l'hiver.

Blé de mars. Semé au printemps.

Bœufs. Animaux domestiques.

Bol alimentaire. Aliments mastiqués et avalés d'une bouchée.

Bonnet. Partie de la panse des bœufs et des moutons.

Botanique. Étude scientifique des plantes.

Bottelage. Opération agricole de la mise en botte de foins de prairies.
Bouillies. Mets ; ex. : bouillie de sarrasin, de maïs.
Bouillie de chaux. délayée dans l'eau.
Bourgeon. Germe des plantes, d'où partent des branches nouvelles.
Bourrelet des bœufs et moutons. — Partie antérieure de leur mâchoire supérieure tenant lieu de dents incisives.
Bouse. Déjections des bœufs.
Boutoir. Grouin des porcs.
Bovine. Espèce bovine. Animaux de l'espèce des bœufs.
Brasseries. Usines où se fabrique la bière.
Brebis. Femelle du mouton.
Bride. Harnais du cheval.
Broie. Outil pour broyer le chanvre.
Brouette. Petit charriot à main.
Broyeurs. Instruments à broyer les grains.
Bruyères. Plantes des landes incultes.
Budget agricole. Compte des dépenses et des produits de la ferme.
Bulbes. Oignons de quelques plantes.
Burette graduée. Instrument de chimie pour le dosage des corps.
Buttage. Opération agricole, tassement de la terre sur le pied des plantes.
Buttoirs. Instruments de buttage.

C

Cachexie. Maladie du bétail.
Caillé. Lait aigri et tourné.
Caillette. Partie de l'estomac des animaux ruminants.
Calcaire (nom). Minéral à base de chaux. Ex. : pierre à bâtir, craie, marne, etc.
Calcaire (adj.). Qui contient du calcaire. Ex. : terres calcaires.
Calcination. Action de calciner.
Calciner. Chauffer un corps à l'abri de l'air, dans un vase fermé.
Cameline. Plante fournissant de l'huile.
Canal digestif. Ensemble des organes de la digestion, de la bouche à l'anus.
Canine (adj.) de chien — *dents canines.* Voisines des incisives.
Cannabinée. Famille botanique du chanvre.
Capsule. Ustensile de chimie.

Caractères. En chimie : propriétés chimiques qui distinguent un corps des autres corps. —*En hist. na. :* organisation ou propriétés distinctives.
Carbonates. Sels de l'acide carbonique. Ex. : *carbonate de chaux,* composé d'acide carbonique et de chaux.
Carbone. Elément des charbons.
Carie. Maladie des céréales (blé, maïs, etc.).
Caséine. Matière du fromage.
Castrer. Oter les parties génitales.
Cellulose. Principe des tissus des plantes.
Cendres d'une plante. Résidu de sa combustion, comprenant l'ensemble de ses matières minérales.
Centésimal. Parties exprimées en centièmes.
Chair des fruits. Parties que l'on mange.
Chaleur. Agent qui échauffe les corps.
Chaleur animale. Source de la chaleur naturelle du corps.
Champ. Pièce de terre.
Champ d'expériences. Terrain consacré aux expériences de culture.
Chancre. Petit ulcère qui a de la tendance à s'étendre.
Chanvre. Fibres textiles de cette plante.
Chapon. Poulet castré.
Charbons. Matières contenant du carbone. *Charbon de bois,* extrait du bois. — *Charbon de terre.* Houille extraite de la terre.
Charbon. Maladie des animaux — maladie des céréales.
Charrée. Résidu de cendres lessivées.
Charrues. Instruments d'agriculture.
Charrue sous-sol. — Creusant les sillon après la charrue ordinaire.
Châtrer. Castrer les agneaux.
Chaulage. Opération agricole ayant pour objet de mélanger la chaux aux terres arables.
Chaux. Oxyde de calcium (CaO), base d'un grand nombre de sels — matière des mortiers.
Chaux vive. Chaux n'ayant pas subi l'action de l'eau.
Chaux éteinte. Combinée à l'eau.
Chaux soudée. Mélange intime de chaux et de soude.
Chaux hydraulique. De nature à servir aux constructions sous l'eau.
Chènevis. Graines de chanvre, — *huile de chènevis* — retirée de ces graines.
Chénopodées. Famille botanique de la betterave et des épinards.

Chevaline (adj.). Se rapportant au cheval. Ex. : Espèce chevaline.
Chiendent. Plante parasite — sa racine.
Chimique (adj.). Se rapportant à la chimie.
Chlore. Elément du sel de cuisine ; corps désinfectant et décolorant.
Chlorhydrates. Sels de l'acide chlorhydrique.
Chlorhydrate d'ammoniaque. Composé d'acide chlorhydrique et d'ammoniaque.
Chlorophyle. Matière verte des feuilles.
Chlorures. Composés de chlore et des métaux.
Chlorure de sodium. Nom chimique du sel de cuisine.
Choux. Plante agricole et horticole.
Choux-navets. Plante agricole.
Cidre. Boisson de pommes ou de poires fermentées.
Ciguë. Plante, son jus est un poison.
Cime. Partie supérieure d'une branche, d'un arbre, d'une fleur.
Circulation. Parcours du sang dans les animaux et de la sève dans les plantes.
Classe. Groupe naturel.
Classes de terres. Terres ayant des propriétés semblables.
Claudication. L'action de boiter.
Climat. Nature de l'air d'une contrée caractérisée par son degré de chaleur et d'humidité.
Cochon. Porc.
Cocotte. Maladie fréquente sur les animaux ruminants, caractérisée par une éruption bulleuse dans la bouche, aux pieds et aux mamelles.
Cœur. Organe de la circulation du sang.
Colique. Toute douleur vive qui se fait sentir dans l'abdomen.
Collection. Ensemble d'individus réunis.
Collet des racines. Partie soutenant les feuilles.
Collier. Harnais des chevaux.
Colmatage. Irrigation avec des eaux chargées de principes fertilisants.
Colza. Plante agricole fournissant une huile à brûler.
Combinaison. Union chimique de deux corps.
Compacte (adj.). Impénétrable à l'air et à l'eau.
Complémentaire (adj.). Qui complète un autre corps.
Composé. Corps formé de deux autres plus simples.

Composées. Famille botanique des marguerites.
Composition. Etat physique ou chimique d'un corps.
Compost. Sorte d'engrais fait de débris de plantes.
Concasser. Broyer grossièrement. Ex : concassage des graines pour les animaux.
Concentration. Réunion de plusieurs objets au même point.
Condensation. Réunion d'un corps à la surface d'un autre corps.
Condiment. Espèce d'aliments toniques.
Congestion. Accumulation d'un liquide dans un organe.
Conine. Alcaloïde de la ciguë.
Conservation des engrais. Pouvoir des éléments de la terre de retenir les principes fertilisants.
Consistance des terres. Propriété de se durcir, de se mettre en mottes.
Constitution élémentaire des corps — nature et proportions de leurs éléments.
Contre-poison. Matière empêchant leurs effets funestes sur les animaux.
Coque. Coquille d'un œuf — se dit aussi de l'enveloppe des graines des légumineuses et des crucifères.
Corne. Matière des cornes, des ongles, et des sabots des animaux.
Cornues. Vases en verre employés par les chimistes.
Corps gras. Graisses, beurres et huiles.
Cosse. Gousse des légumineuses et silique des crucifères.
Côtes. Os de la poitrine.
Couche arable. Couche de terre attaquable par la charrue.
Coup de fouet. Se dit des engrais qui raniment promptement la végétation.
Coup de herse. Opération du hersage.
Coupes des prairies. Récoltes de ces plantes — 1re coupe, 2e coupe d'une année.
Coupe-racines. Instrument pour couper les racines et les tubercules.
Couper un animal — le castrer.
Couronne des dents. Partie dépassant la gencive.
Cours des denrées. Leur valeur au marché.
Coutre. Partie d'une charrue — couteau en avant du soc.
Couver. Se dit des oiseaux restant sur leurs œufs.
Craieux. Contenant de la craie.

Création d'un pré. Etablissement d'un pré sur un nouveau terrain.
Crible. Instrument pour nettoyer les grains Peau percée de trous.
Croissance d'un animal. Epoque de son développement.
Crucifère. Famille botanique des choux, des navets, du colza, etc.
Cueillette. Récolte des fruits, des graines et de tout produit se prenant à la main.
Cuir. Peau tannée — employée pour faire les harnais.
Culture. Opération faite pour obtenir des produits utiles.
Culture des terres. Travail de culture.
Culture des plantes. Soins donnés pour leur végétation.
Culture (grande). Exploitation d'une grande étendue de terre.
Culture (petite). Petite exploitation.
Culture améliorante. Rendant la terre plus fertile.
Culture épuisante. Rendant la terre moins fertile.
Culture extensive. Avec peu d'engrais pour l'étendue cultivée.
Culture intensive. Avec beaucoup d'engrais et de soins pour chaque partie.
Culture rationnelle. Basée sur la nature des terres et sur les besoins particuliers des plantes.
Curage — nettoyage. Ex. : curage des étables, bergeries, écuries, etc ; — curage des puits, mares, étang, fossés, etc.
Cuscute. Plante parasite des prés.
Cutanée. Se rapportant à la peau.
Cuves. Grands tonneaux ouverts pour recevoir l'eau ou laver le linge.

D

Débilitant. Affaiblissant le tempérament.
Déboisement. Opérations pour enlever le bois d'un terrain qu'on veut mettre en culture.
Débris des tissus. Résidus des organes renouvelés par le sang.
Décantation. Séparation d'un liquide du dépôt qui s'y est formé ; elle se fait au moyen du siphon.
Décoction Résultat de l'action de l'eau bouillante sur une matière organique.
Décolletage d'une racine. Enlèvement du collet, partie supérieure portant les feuilles.

Décomposition chimique. Séparation des éléments d'un corps composé.
Défenses. Dents du porc sortant de la gueule.
Défoncement d'une terre. Labour profond attaquant le sous-sol.
Défrichement. Destruction d'une lande, d'un bois ou d'une prairie, pour mettre la terre en culture.
Degrés. Mesure.
Degrés de chaleur. Mesure de la température.
Degrés alcoométriques. Mesure de la proportion d'alcool d'un corps.
Déjections. Excréments des animaux.
Délayer. Etendre un corps dans l'eau.
Délétères (adj). Gaz agissant sur le système nerveux et pouvant donner la mort.
Déliter (se). Tomber en poussière. Se dit de la marne pulvérisée sous l'influence de l'air et de la pluie.
Dépaissance. Bœufs ou moutons au pâturage.
Dépôt. Chimie : précipité déposé au fond d'un liquide. — Géologie : couche de sédiments formée dans la terre.
Dépresser. (Culture.) Enlever les plants trop rapprochés.
Déraciner. Enlever les racines restées en terre. Ex. : déraciner une bruyère, une luzernière.
Dérobé. Récoltes dérobées. Plantes cultivées après une récolte principale, dans la même année.
Déroquer. Défricher ; se dit spécialement des prairies artificielles.
Désherber. Enlever les herbes parasites d'une plante cultivée.
Désinfecter. Détruire les gaz, vapeurs ou exhalaisons infectes.
Dessiccation. Opération de chimie pour enlever complétement l'eau d'un corps.
Dextrine. Produit chimique dérivé de la fécule
Diarrhée. Maladie intestinale déterminant des évacuations abondantes.
Didactique. Propre à l'enseignement.
Digestif. Pouvant être digéré.
Digestif (système ou appareil). Organes de la digestion.
Discrétion. A discrétion, tant qu'on en veut : se dit des aliments donnés au bétail en excès.
Disette. Variété de betterave.
Dissolution. Liquide contenant un corps dissous. Ex. : **eau sucrée**.

Dissoudre. Faire une disolution : de sucre dans l'eau, par exemple.
Distilleries. Usine où on distille les corps.
Distilleries agricoles. Préparation et extraction de l'alcool de grain, de betterave, etc.
Distiller. Réduire un liquide en vapeurs et faire condenser ces vapeurs.
Distribution des aliments. Servir les repas du bétail.
Domestique. (adj.). Qui a lieu dans la maison, dans les intérieurs.
Dominateur. Se dit d'un élément dont l'influence est plus grande que celle des autres.
Dosage. Opération chimique pour déterminer la proportion exacte d'un élément dans un corps.
Dose d'un engrais. Quantité employée par hectare.
Drain. Tuyau poreux servant à l'écoulement intérieur de l'eau des terres arables.
Drainage. Opération de la pose des drains ; effet général de ce système.
Dravière. Fourrage composé d'avoine et de fèves cultivées ensemble.
Drèche. Résidu des brasseries, germe des grains d'orge.

E

Eau acidulée : contenant un peu d'acide ; — alcaline, à réaction alcaline. — aérée, contenant de l'air.
Eau-de-vie. Liquide alcoolique.
Eaux grasses. Contenant des corps gras, comme l'eau de vaisselle.
Eaux potables. Bonnes à boire.
Ebouter un plant. Couper le bout de sa racine avant de le planter.
Ecangue. Outil pour teiller le lin.
Echantillon de terre. Terre choisie comme représentant la nature d'un terrain soumis à l'analyse ou à l'expérience.
Echauffant (adj). Aliment échauffant le sang ou irritant l'estomac.
Ecobuage. Grillage d'une terre pour en amender les propriétés.
Economie animale. Système des fonctions de l'organisme.
Economie domestique. Administration des affaires d'intérieur.
Economie rurale. Administration des affaires d'un domaine.

Ecorce. Pelure du tronc et des branches d'un arbre ou d'un arbuste.
Ecrémer. Enlever la crème du lait ; ôter la meilleure partie d'un produit.
Ecurie. Habitation des chevaux ; collection de chevaux d'un maitre.
Effervescence. Dégagement vif d'un gaz.
Egoutter une terre. En faire sortir l'eau.
Egréner. Séparer le grain d'un épi ou d'une tige.
Elaboration (botanique). Fonction des plantes. Elaborer la séve, la rendre propre à la nutrition de la plante.
Elément. Partie essentielle d'un corps ou d'un produit ; corps simple.
Elémentaire. (adj.). Se rapportant aux éléments. *Composition élémentaire.* Nature et proportions des éléments d'un corps.
Elevage. Opérations agricoles pour élever les animaux, chevaux, bœufs, moutons, etc.
Embranchements. Groupes naturels de corps. Ex. : Embranchements des terres.
Enfouir. Mettre dans la terre arable.
Engrais. Matières mises dans les terres pour servir à l'alimentation des plantes cultivées.
Engrais animaux. D'origine animale.
— *azotés.* Contenant de l'azote.
— *calcaires.* A base de chaux.
Engrais chimiques. Produits chimiques employés comme engrais.
Engrais complémentaires. Ajoutés au fumier pour le compléter.
Engrais concentrés. Contenant beaucoup d'éléments fertilisants sous un petit volume.
Engrais frais. Récemment préparés.
Engrais liquides. En dissolution ou en suspension dans l'eau.
Engrais minéraux. Formés de sels.
Engrais nouveaux. Récemment préparés.
Engrais organiques. D'origine animale ou végétale.
Engrais supplémentaires. Donnés en plus de la fumure ordinaire.
Engrais végétaux. Tirés des plantes.
Engraissement du bétail. Alimentation destinée à le mettre en graisse.
Ensemencer une terre. Y semer les graines de plantes cultivées.
Enterrer une semence ou un engrais. Les mettre dans la terre.

Entonnoir en verre. Servant en chimie pour filtrer les corps.
Entretien de la fertilité d'une terre. Opérations pour la rendre féconde. — *Rations d'entretien.* Quantité d'aliments pour nourrir un animal sans l'engraisser.
Épaisseur d'une terre. Profondeur de la couche labourable.
Épineux. Qui a des épines, difficile.
Épi. Partie portant les graines des céréales.
Épluchures. Résidus des légumes préparés pour l'alimentation.
Épuiser une terre. Lui enlever, par les récoltes, plus d'engrais que les fumures ne lui en restituent.
Équarrir un animal. Enlever la peau et préparer le cadavre.
Équivalents. Poids produisant des effets semblables.
Équivalents chimiques. Poids des corps simples, des acides et des bases, représentés par leurs signes ou leurs symboles.
Équivalents des aliments du bétail. Poids pouvant remplacer le foin.
Équivalents des engrais. Poids remplaçant le fumier.
Ergot. Maladie des céréales, du seigle surtout.
Escourgeon. Espèce d'orge, semée à l'automne.
Espèce. Animaux ou plantes provenant de mêmes pères. Ex. : *bovine* : taureaux, vaches, etc. ; *canine* : chiens ; *chevaline* : chevaux ; *féline* : chats ; *galline* : volailles, poulets et autres ; *ovine* : béliers, brebis, moutons ; *porcine* : verrats, truies et cochons.
Essences. Produits végétaux ; essence de térébenthine, produits des pins.
Essentielles. Provenant des essences.
Essieux. Barres de fer soutenant les voitures et supportées par les roues.
Estomac. Organe principal de la digestion.
Étable. Habitation des bœufs et des vaches.
Étalon. Cheval entier qu'on emploie à saillir des juments.
Étanche (adj.). Se dit d'un bassin ne perdant pas l'eau.
Étang. Réservoir d'eau naturel.
Étuve (chimie). Petit four pour dessécher les corps à la température de l'eau bouillante.
Euphorbe. Plante sauvage, parasite.

Évacuations. Déjections animales.
Excédants d'engrais. Excès de matières fertilisantes données par les fumures.
Excitants. Aliments excitant l'appétit ; — *des engrais.* Sels hâtant leur décomposition.
Excrémentiel. Faisant partie des excréments.
Excrétions. Sécrétions inutiles au corps et destinées à en sortir.
Exhalaisons. Miasmes ou vapeurs exhalées du corps ou des matières organiques.
Exhalation. Fonction des animaux.
Exploitation. Domaine cultivé par le même agriculteur.
Exposition d'un terrain. Au nord ou au sud, à l'est ou à l'ouest.
Externe (adj.) Extérieure.
Extirpateur. Espèce de charrue pour détruire les mauvaises herbes.
Extraction d'un corps. Opération pour le retirer du produit qui le contient.
Extraits. Corps retirés d'un produit. Extrait de campêche ; matière colorante retirée de ce bois.

F

Famille (botanique). Ensembles de plantes ayant la même organisation.
Fanes. Tiges des plantes oléagineuses et des légumineuses ayant porté graine.
Farines. Matières des graines de céréales et autres plantes féculentes.
Faucille. Petite faux à main.
Faucher. Couper avec la faux.
Faux. Instrument pour couper les céréales.
Fécule. Principe des farines. *Amidon.* Fécule du blé et des céréales.
Féculentes (adj.). Contenant des fécules.
Feldspaths (minéraux). Silicates alumineux.
Fenaison. Opérations pour faire faner les foins et les récolter.
Ferrugineux. Contenant du fer.
Ferme-École. Établissement rural et agricole qui a pour but de former des agriculteurs, de perfectionner les cultures et de populariser les *innovations nécessaires dans la pratique*
Ferments. Agents des fermentations ; espèces de plantes microscopiques.
Fermentation. Décomposition sous l'influence des ferments.
Fermentation sucrée. Dont le produit est du sucre.

Fermentation alcoolique. Dont le produit est de l'alcool.
Fermentation acide. Dont le produit est un acide.
Fermentation putride. Dont le produit est un gaz infect.
Fermenté (adj.). Produit contenant des ferments, ou provenant de fermentation *Boissons fermentées:* vin, bière, cidre.
Fermentescible (adj.). Matières contribuant à la fermentation.
Fertilisation. Action de rendre une terre plus fertile par les amendements, par les engrais, etc.
Fétide (adj.). Odeur fétide, engendrée par la putréfaction.
Feuillard. Feuilles d'arbres données en nourriture ou mises en compost.
Feuilles alimentaires. Servant à la nourriture, comme celles de choux et de betteraves.
Feuillet. Partie de l'estomac des ruminants.
Féverolles. Plante agricole de la famille des légumineuses.
Fèves. Plante légumineuse.
Fibres. Filaments de la chair
Fibres végétales. Filaments organiques des plantes ; abondant dans les bois
Fibreux. Qui contient des fibres.
Fibrine. Matière des fibres de la chair.
Filasse. Fibres textiles retirées du chanvre ou du lin.
Filtrer (chimie). Séparer un liquide du solide qu'il tient en suspension.
Filtre. Corps poreux servant à filtrer.
Filtre (papier à). Sans colle, perméable, servant à filtrer.

Flamme. Instrument pour pratiquer la saignée, chez les animaux domestiques
Fléau. Instrument pour battre les récoltes
Fleur. Partie des plantes où se forme la graine ; plante en fleur, dans la saison où elle porte des fleurs.
Florin. Débris de foins produits par le battage
Fœtus. Jeune dans le ventre de la mère.
Foie. Viscère sécrétant la bile.
Foin. Produit des prairies fanées.
Foin vert. Prairie verte donnée en pâture.
Foin normal. Foin de pré pris comme terme de comparaison pour estimer la valeur des aliments du bétail.
Foncière. Tenant au fonds de la terre. Ex. : *Richesse foncière* en engrais.
Fonction. Actes de la vie accomplis par les organes d'un animal ou d'une plante

Fonds d'une terre. Sa valeur naturelle en agriculture.
Fonds de terre. Domaine exploité dans son ensemble.
Force musculaire. Force qu'un animal doit à ses muscles et qu'il emploie pour mouvoir les corps.
Force vitale. Par laquelle le corps accomplit ses fonctions organiques.
Fosse à purin. Réservoir étanche où le purin est réuni et conservé.
Fossiles. Restes d'animaux ou de végétaux d'un autre âge conservés dans la terre.
Fourche. Instrument agricole à deux ou trois dents.
Fourrage. Foins, paille ou fanes donnés en nourriture au bétail.
Fourrage-racine. Racine ou tubercule servant à l'alimentation du bétail.
Franche Terre franche, qui n'a pas de défaut naturel.
Friche. Herbes parasites, sans valeur.
Froid (adj.). Terres froides, peu actives dans la décomposition des engrais.
Fromages. Produits des laiteries.
Froment. Espèce de blé cultivé en grand.
Fumer une terre. Y mettre des engrais, fumier ou autre.
Fumier. Engrais faits avec les litières du bétail.
Fumier gras. Riche en déjections.
Fumier fait. Fermenté, bon à employer.
Fumier long. Se tenant sans se dépecer.
Fumier court. Se divisant en petits morceaux.
Fumeterre. Espèce de plante nuisible.
Fumure. Opération agricole, engrais; *demi-fumure*, moitié de la dose ordinaire de l'engrais.

G

Gadoue. Engrais ; déjections de l'homme étendues d'eau et fermentées.
Galles. Noix de galles : excroissances, formées sur les chênes.
Galline. Espèce galline : poules, canards oies et autres volailles.
Gangrène. Maladie — décomposition locale des chairs ; pourriture des organes.
Garance. Plante agricole ; couleur.
Gâté (adj.). Décomposé ; se dit des fruits, racines, foins et autres aliments.
Gâteau. Pain non levé, cuit au beurre. Ex. : gâteaux de maïs, de sarrasin.

Gaz. Corps au même état que l'air.
Gaz asphyxiant. Ne pouvant servir à la respiration.
Gaz délétères. Poisons agissant sur les nerfs.
Gaz putrides. Infects, provenant de matières en putréfaction.
Gaz pestilentiels. Apportant des germes de peste.
Gaz combustible. Pouvant brûler dans l'air.
Gaz comburants. Faisant brûler les corps
Gélatine. Produit de l'action de l'eau bouillante sur le tissu cellulaire des animaux.
Génisse. Jeune vache.
Gentiane. Plante de médecine vétérinaire.
Genre (botanique). Groupe d'espèces semblables.
Gerbées. Paille de seigle préparée pour faire les liens des gerbes.
Gerbes. Bottes de céréales avec les épis.
Germe. Partie des graines donnant naissance à la plante et se développant.
Germination. Actes du développement du germe.
Gestation. Se dit du temps que la femelle porte son fruit.
Gésier. Estomac musculeux des oiseaux.
Glaise. Terre argileuse plastique dont on fait des briques.
Glaiseux. Formé de glaise.
Glaner. Récolter les épis perdus — se dit aussi des moutons pâturant dans les champs après les récoltes.
Globe jaune. Variété de betterave.
Globe terrestre. La terre tout entière.
Globules de graisse. Etat d'un corps gras en suspension dans un liquide. Ex. : du lait.
Globules du sang. Partie solide du sang.
Glucose. Sucre de fécules fermentées.
Gluten. Matière plastique des farines.
Glutine. Principe du gluten.
Gomme. Produit de certaines plantes délayable dans l'eau.
Gomme élastique. Caoutchouc.
Gomme-gutte. Espèce de résine ; couleur de peinture.
Gorets. Petits du porc.
Gousse. Enveloppe des graines des légumineuses. Ex. : gousse de pois, de haricots.
Goutte. Maladie de l'homme.
Graine. Partie des plantes — servant à les reproduire.
Grains. Graines des céréales, terme commercial.

Graisses. Corps gras solides.
Grange. Lieu où les récoltes sont serrées
Gravelle. Maladie de la vessie.
Gravier. Sable grossier.
Grillage (chimie). Chauffage d'un corps à l'air pour en brûler la partie combustible.
Guéret. Terre labourée et non ensemencée.
Gueretage ou *guertage.* Labours après une récolte, pour mettre la terre en guéret.

H

Hache-pailles. Instrument pour couper les pailles.
Hâtif. Plante mûre de bonne heure.
Hémorrhagie. Perte de sang.
Herbes parasites. Vivant aux dépens des plantes cultivées.
Herbes mauvaises pour le bétail.
Herbes bonnes à pâturer.
Herbivores (adj.). Animaux se nourrissant spécialement d'herbe.
Herse. Instrument agricole.
Herser. Faire passer la herse dans les champs.
Hivernage. Labour fait avant l'hiver — foin composé de vesce et de seigle.
Houes. Instruments à main ou à cheval pour détruire les herbes, labourer les vignes, etc.
Huiles. Corps gras liquides.
Huiles essentielles. Essences.
Humidité. Qualité agricole des terres — propriété de retenir l'eau de pluie.
Humifère (adj.). Etat des terres possédant du terreau propre à être transformé en humus.
Humus. Produit de la décomposition du terreau des engrais organiques.
Hydraulique (chaux). Propre aux constructions sous l'eau.
Hydrogène. Corps simple — un des éléments de l'eau.
Hydro-carboné. Composé d'hydrogène et de carbone.
Hygiénique (adj.). Propre à entretenir la santé.

I

Igname. Plante à tubercules alimentaires
Immédiats. Voyez *Principes.*
Imperméable. Se dit d'une terre que l'air ne peut pénétrer.
Incisives. Dents du devant des mâchoires.
Inculte. Se dit d'une terre non cultivée.

Indigo. Matière colorante de l'indigotier.
Inerte. Sans activité. — *Engrais inerte.* Qui ne fournit pas de produits utiles aux plantes.
Infiltration. Pénétration de l'eau dans les matières terreuses.
Inflammation. Irritation nerveuse des organes.
Insalivation. Fonction des animaux — mélange de la salive avec les aliments.
Insalubre. Se dit des terres contenant des gaz nuisibles à la végétation. — *Air insalubre.* Mauvais pour la respiration.
Insectes. Classe d'animaux. — *Insectes nuisibles.* Attaquant les récoltes.
Insectivores. Animaux se nourrisant d'insectes.
Insolubles (chimie). Corps ne se dissolvant pas dans l'eau ou un autre liquide.
Intempéries. Circonstances atmosphériques contraires aux biens de la terre.
Intensité. Degré d'action ou de force.
— de la chaleur. Degré de la température.
— de la lumière. Degré des effets lumineux.
Interne (adj.). A l'intérieur du corps.
Intestinal. Qui est dans les intestins.
Intestins. Boyaux, organes de la digestion.
Irrigation. Circulation de l'eau dans les terres cultivées.
Issues des animaux. Résidus des boucheries et des abattoirs.

J

Jabot. Poche des oiseaux, sous la gorge, où les aliments sont en réserve.
Jambons. Mets préparés et conservés à la fumée.
Jachères. Terres laissées sans culture.
Jarret. Partie inférieure de la jambe.
Javelle. Partie d'une gerbe non liée.
Joug. Pièce de bois pour atteler les bœufs.
Journée d'ouvrier. Salaire, durée du travail.
Jus de fumier. Liquide qui s'en écoule.

L

Labour. Division de la terre à la charrue, à la houe ou à la bêche.
Labour profond. A plus de 20 centimètres de profondeur.
Labour ordinaire. De 10 à 20 cent.
Labour superficiel. A moins de 20 cent.
Labours à demeure. Le dernier avant de semer.
Laineux. Ayant la forme de la laine.
Laiteux. Du lait, ayant la nature du lait.
Lait de chaux. Chaux délayée dans beaucoup d'eau.
Landes. Terres incultes, abandonnées aux plantes sauvages.
Lard. Graisse de porc tenant à la peau.
Larve. Ver qui deviendra insecte. Ex : *larves de hanneton*, vers blancs.
Lavage des terres. Pluies abondantes entraînant les produits utiles des engrais.
Lavage des foins. Pour ôter la poussière.
Laxatifs. Matières favorisant l'évacuation intestinale.
Légumes. Fruits de plantes, haricots, pois, fèves, lentilles, etc, aliments végétaux.
Légumine. Principe immédiat des légumes.
Légumineuses. Famille des plantes ayant pour fruit des légumes.
Lentilles. Graine de la plante de ce nom.
Lessive. Eau qui a passé sur les cendres et en a pris les sels solubles.
Lévigation. Lavage des terres pour séparer l'argile du sable.
Liens. Paille apprêtée pour lier les gerbes.
Ligne de plantes. Ex. : semer en ligne ; mettre en ligne les plantes coupées.
Ligneux. Matière incrustant les fibres du bois.
Lignine. Principe du ligneux.
Limon. Espèce de terre arable ; dépôt formé au fond des étangs.
Lin. Plante textile ; ses fibres.
Liqueur titrée. Liquide contenant un sel en proportions connues.
Litière. Paille mise sous les animaux.
Lizier. Déjections du bétail étendues d'eau.
Loams. Nom anglais des limons.
Longe. Corde ou lanière pour attacher ou tenir les chevaux.
Lumineux. De lumière. Ciel lumineux, où le soleil brille.
Lupuline. Espèce de luzerne ; minette.
Lutte. Saillie des brebis.
Luzernière. Champ de luzerne.

M

Macération. État d'une matière se désagrégeant dans un liquide.
Machine. Instrument formé de l'assemblage de plusieurs pièces et outils.
Machine à battre les grains.
Mâchoires. Appareil portant des dents ; outils servant à saisir les objets.
Madia. Plante à graines oléagineuses.
Magnésie. Base chimique ; contre-poison des acides.
Maïs. Espèce de céréale, ses graines.
Manége. Attelage de chevaux pour mouvoir une machine.
Marc de raisin. Résidu de la presse à vin.
Marécage. Terrain couvert d'eau où végètent des plantes.
Mares. Réservoirs où s'accumulent les eaux de pluie.
Margarine. Principe des corps gras.
Marnage. Opération agricole pour mettre des marnes en terre.
Marnes. Amendements des terres à base de calcaire.
Mastication. Action de broyer les aliments dans la bouche en les insalivant.
Matière. Substance pesante des êtres du globe, terme quelquefois mis pour produits (voyez ce terme).
Matières azotées Contenant de l'azote.
— *animales.* Provenant des animaux.
— *carbonées.* Où le carbone domine.
Matières organiques. Provenant des animaux ou des plantes.
Matières minérales. Formées de minéraux.
— *végétales.* Provenant des plantes.
Matières colorantes. Servant à colérer les corps.
Maturité. État où les plantes sont bonnes à récolter.
Mauvaises herbes. Plantes nuisibles aux plantes cultivées.
Médicaments. Remèdes pour l'homme ou les animaux.
Membranes. Tissus cellulaires du corps.
Membranes muqueuses. Sécrétant des liquides intérieurs.
Membranes séreuses. Enveloppant les organes, cœur, poumons, etc.
Menus grains. Grains de qualité inférieure ou d'importance secondaire.

Mérinos. Variétés de moutons à laine courte et serrée.
Merl. Sable de mer servant à l'amendement des terres.
Méteil. Seigle et froment cultivés ensemble.
Météorisation. Gonflement de la panse des animaux à la suite de pâturage.
Météorologie Science des phénomènes atmosphériques.
Méthode. Manière raisonnée d'étudier les faits naturels ou de pratiquer des opérations en vue d'un but à atteindre.
Meuble. Terre meuble. Qui se divise ou se pulvérise facilement.
Meule. Pile de foin, de gerbes, ou de bottes entassées.
Millet. Espèce de plante : sa graine.
Minéraux. Corps contenus dans la terre; non doués de vie.
Minette. Lupuline, espèce de luzerne.
Molaires. Dents à couronne plate, du fond de la bouche.
Morphine. Alcaloïde du jus de pavot ; de l'opium ; du laudanum.
Mortier. Ustensile de chimie pour pulvériser les corps.
Mottes. Fragments de terre durcie, soulevés par la charrue.
Mouses. Herbes sèches croissant dans les landes et au pied des arbres.
Moutarde. Plante fourragère ; sa graine.
Mouton. Bétail ; bélier castré.
Mouture. Orge et blé cultivés ensemble ; leurs grains envoyés au moulin.
Moyettes. Tas de gerbes disposé pour les faire sécher.
Mucilage. Décoction de matières végétales, épaisse et gommeuse.
Mulot. Rat des champs.
Muqueuse. Peau intérieure de la bouche, du tube intestinal, du nez, des oreilles et des yeux.
Mûrir. Se dit des labours dont la terre soulevée subit l'influence de l'air.
Munition. Provision ; *pain de munition*, pain de soldats.
Muscles. Chair vivante ; organes moteurs des membres.
Musculeux. Des muscles ; animal vigoureux.

N

Nature des corps (chimie). Éléments dont ils sont formés.
Navets. Plantes à racine alimentaire.

Navette. Plante oléagineuse.
Nielle. Maladie des céréales.
Nitrates. Sels de l'acide nitrique ou azotique (voyez *Azotates*).
Nitrification. Transformation des matières organiques azotées en nitrates.
Nivellement. Opération mathématique ; détermination des différences de hauteur de la surface d'un champ.
Noir animal. Résidu de la calcination des os.
Noirs. Noir animal utilisé dans les raffineries et en agriculture.
Noix de galles. Excroissance des chênes fournissant l'acide tannique.
Nutrition. Fonction des animaux et des plantes ; renouvellement des tissus du corps.

O

Œillette. Espèce de pavot. *Huile d'œillette.* Extraite des graines de ce pavot.
Œsophage. Canal allant de la bouche à l'estomac.
Oignons. Partie charnue des tiges.
Oisons. Javelle d'avoine.
Oléagineux. Renfermant de l'huile.
Oléine. Principe immédiat des graisses.
Ombellifères. Famille des carottes, du persil et autres plantes ayant leurs fleurs en ombelles.
Omnivores. Animaux se nourrissant de matières animales et végétales à la fois.
Oreille. Partie de la charrue renversant la terre.
Organes. Parties d'un animal ou d'une plante chargées d'une fonction nécessaire à la vie.
Organique (adj.). Des organes ; produit par un organe. *Chimie organique*, étude des produits des organes.
Organisation d'un travail. Dispositions prises et opérations faites pour le faire méthodiquement.
Orge. Céréale ; ses graines.
Os. Parties dures et solides du corps des animaux dont la réunion forme la charpente osseuse ou le squelette.
Oseille. Plante de jardin ; ses feuilles.
Osseux. Des os ; où les os abondent.
Ovine. Des moutons. *Espèce ovine*, espèce des moutons, brebis et béliers.
Oxalates. Sels de l'acide oxalique. *Oxalate d'ammoniaque*, composé d'acide oxalique et d'ammoniaque. *Oxalate de chaux*, composé d'acide oxalique et de chaux.
Oxydant (adj.). Corps qui fournit de l'oxygène aux autres.
Oxydation. Action d'oxyder un corps.
Oxydes. Composés de l'oxygène avec les autres corps. Ex. : oxyde de fer, composé d'oxygène et de fer, etc.
Oxyde basique. Qui peut s'unir à un acide pour former un sel.
Oxydes terreux. Bases des sels qui forment les terres, comme l'argile, le calcaire, etc.
Oxyder un corps. Lui fournir de l'oxygène qui le transforme en oxyde.
Oxygène. Elément de l'air qui fait respirer les animaux, brûler les corps, rouiller les métaux.

P

Paille. Tige des céréales. — *Longue paille.* La tige entière. — *Menue.* Débris de la tige, balles.
Paître. Manger dans les champs.
Panais. Espèce de plante voisine de la carotte.
Pancréas. Viscère voisin du foie.
Pancréatique. Suc pancréatique. Liquide fourni à la digestion par le pancréas.
Panse. Vaste partie de l'estomac des ruminants.
Pansement. Soins de propreté donnés aux animaux.
Papavéracées. Famille des pavots.
Papier de tournesol. Papier imprégné de la couleur bleue du tournesol.
Papier rouge. Le même, rougi par les vapeurs d'un acide.
Paralysé. Ne pouvant plus agir.
Parc. Enceinte où séjournent les moutons.
Parcage. Opération agricole ; faire parquer.
Parquer. Faire séjourner les moutons aux champs pour fumer le terrain.
Parturition. Accouchement naturel.
Patate. Espèce voisine de la pomme de terre.
Pâte. Farine pétrie avec l'eau ; argile pétrie dans la main.
Pâture. Nourriture donnée au bétail.
Pâturage. Champ de prairies ou herbes bonnes à pâturer.
Pâturer. Paître sur un pâturage.
Pauvre. Manquant du nécessaire ; se

dit des terres qui n'ont pas assez d'engrais.

Peigner. Se dit du chanvre et du lin pour en extraire les fibres textiles.

Pelletage. Opération agricole ; changer de place un tas de grain à l'aide de la pelle.

Pente. Inclinaison de la surface du sol.

Perméable. Se dit d'une terre quand l'air, l'eau et la chaleur peuvent y pénétrer.

Pertes d'un corps. Matières qui en sortent. Ex : *perte d'engrais* d'un sol.

Phénomène. Fait scientifique caractérisé et déterminé (en physique, en chimie ou en histoire naturelle).

Phosphates. Sels de l'acide phosphorique. Ex. : *phosphate de chaux*, composé d'acide phosphorique et de chaux ; *phosphate de fer*, composé d'acide phosphorique et d'un oxyde de fer, etc.

Phosphore. Corps simple ; élément des os, des urines, de la matière nerveuse.

Physiologie. Etude des fonctions vitales des animaux et des plantes.

Physique. Etude des agents naturels : pesanteur, chaleur, électricité, magnétisme, son et lumière. — (Adj.). Se dit des faits étudiés par la physique.

Pied d'une plante. Partie de la tige tenant à la terre.

Pierres. Fragments assez volumineux des corps solides.

Pierre calcaire. Composée de sels de chaux.

Piétin. Maladie du pied des bestiaux.

Pioche. Outil pour fouiller le sol.

Pipette. Instrument de chimie pour prendre un volume déterminé de liquide.

Pisciculture. Elevage des poissons.

Place dans la rotation. Se dit des plantes qui se succèdent sur le même terrain.

Planches de terre. Bandes bombées séparées par des sillons.

Planter. Mettre en terre des jeunes plantes.

Plants. Jeunes pousses destinées à être plantées.

Plantoir. Instrument pour planter.

Plastique. Qui peut se pétrir et prendre forme sous les doigts.

Platine. Métal dont on fait des capsules et des creusets à l'usage des chimistes.

Plâtras. Débris de plâtres, de démolition.

Plomber. Tasser la terre par des roulages.

Pois. Plante légumineuse. — *Pois de mars.* Semés en mars. — *Pois de mai.* Semés en mai.

Poison. Corps capable de donner la mort. — *Contre-poison*, remède contre les poisons.

Polygonées. Famille botanique du sarrasin.

Pomme de terre. Plante ; ses tubercules.

Pompe à purin, construite pour monter le purin de la fosse.

Porcelet. Jeune porc.

Porcine. Du porc ; *espèce porcine.*

Portée. Durée de la gestation des femelles ; nombre de leurs petits.

Porte-graine. Plantes réservées pour donner de la graine.

Position (topographie). Rapport de position d'un terrain avec les terrains voisins, ou de sa pente avec le soleil.

Potable. Bon à boire. Ex. : *eau potable.*

Potasse (chimie). Base alcaline des cendres de bois, du salpêtre, etc.

Potasse caustique. Non combinée à un acide.

Potasse ordinaire. Combinée à l'acide carbonique.

Poudrette. Engrais préparé avec des déjections de l'homme ou des débris d'animaux.

Poulailler. Habitation des poules.

Poulain. Jeune cheval.

Poulaitte. Déjections des poules.

Pouliner. Faire un poulain (jument).

Pouls. Battement des artères.

Poumons. Organe de la respiration remplissant la poitrine.

Pourriture. Décomposition spontanée engendrant des gaz putrides ; maladie du bétail.

Pousse. Maladie des animaux solipèdes caractérisée par l'essoufflement, par le battement des flancs.

Pousses. Jeunes plantes sortant de terre.

Poussier. Débris de plantes en poussière.

Poussins. Petits de la poule.

Prairies. Plantes cultivées pour donner des foins et des pâtures.

Prairie annuelle. Durant un an.

Prairie permanente. Durant plus d'un an.

Prairies artificielles. Luzerne, trèfles, sainfoin, etc.

Prairies naturelles. Prés persistants.
Pratique (adj.) — praticable ; usuel. — *Expérience pratique.* Savoir acquis en pratiquant.
Résultats pratiques. Obtenus dans une opération agricole ou autre.
Praticien. Opposé à théoricien : *agriculteur praticien*, qui cultive lui-même sa terre.
Précipité (chimie). Corps solide naissant dans un liquide par la réaction chimique d'un autre liquide ou d'un gaz.
Préparations. Opérations chimiques pour obtenir les corps qu'on veut étudier.
Presse. Machine à comprimer les produits pour en faire sortir les liquides.
Principes (science). Lois servant de base au raisonnement ; faits fondamentaux d'où dépendent d'autres faits.
Principes immédiats (chimie organique). — Composés définis qui se trouvent dans les produits des organes des animaux et des plantes.
Principes acides. Ayant les propriétés des acides.
Principes albuminoïdes. Semblables à l'albumine.
Principes alcalins. Ayant les propriétés des alcalis.
Principes azotés. Contenant de l'azote.
Principes gras. Principes des corps gras.
Principes hydro-carbonés. Formés d'hydrogène et de carbone.
Procédés d'analyse. Opérations et dispositions pour faire une analyse.
Procédés de culture. Opérations disposées pour cultiver des plantes.
Prodromes. Etat d'indisposition qui est l'avant-coureur d'une maladie.
Produits. Objets obtenus.
Produits agricoles. Obtenus par l'agriculture.
Produits animaux. Fournis par les animaux.
Produits végétaux. Fournis par les plantes.
Produits organiques. Fournis par les organes des animaux et des plantes.
Produits acides. Contenant des acides.
Produits alcalins. Contenant des alcalis.
Produits féculents. Contenant des fécules.

Produits sucrés. Contenant du sucre, etc.
Produits chimiques. Corps obtenus par la chimie.
Produits minéraux. Corps extraits de la terre.
Profondeur d'un labour. Profondeur à laquelle la charrue pénètre.
Proportions chimiques. Rapports de poids des éléments d'un composé chimique.
Propriétés. Qualités spéciales d'un corps.
Propriétés chimiques d'un corps. Réactions chimiques qu'il exerce sur les autres corps.
Propriétés agricoles d'une terre. Ses qualités spéciales pour la culture.
Protéine. Principe immédiat commun aux matières albuminoïdes.
Pucerons. Insectes parasites des plantes.
Puits. Trou profond creusé pour retirer de l'eau, de la marne ou tout autre matière.
Pulpes. Résidus végétaux des distilleries, brasseries, féculeries, etc.
Pulvérulent. A l'état de poussière.
Purin. Jus écoulé des tas de fumier.
Putréfaction. Décomposition spontanée des produits organiques engendrant des gaz infects.
Putride. De putréfaction. *Odeur putride.* Provenant de matières en putréfaction.

Q

Qualités agricoles. Propriétés des terres favorables aux plantes cultivées.
Quartz. Minéral formé de silice.

R

Races d'animaux. Variétés stables transmettant leurs caractères à leurs descendants.
Racines. Partie des plantes ramifiée dans le sol et y puisant la sève.
Racines mères. Nées de la graine elle-même.
Racines adventives. Nées ultérieurement des racines ou des tiges.
Racines alimentaires. Plantes dont les racines peuvent servir de nourriture.

Raffinage. Epuration d'un produit. Ex. : raffinage des cassonnades de sucre.
Raffinerie. Usine de raffinage.
Raies. Sillons de la charrue ; plantes en ligne.
Raies (faucher en). En étendant en ligne les plantes coupées.
Ramer une plante. Mettre des baguettes où s'attachent ses tiges.
Ramification. Multiplication des branches ou des racines d'une plante.
Rate. Viscère placé à droite de l'estomac.
Ration. Quantité d'aliments donnée chaque jour à un animal.
Ration d'elevage. Ration de la mère ou du jeune.
Ration d'engraissement. Ration d'un animal à l'engrais.
Ration d'entretien. Pour entretenir ses forces et sa santé.
Ration de produits. Pour obtenir un produit, lait ou œufs, ou laine, etc.
Ration de travail. D'un animal qui travaille.
Rationner. Limiter la quantité de nourriture.
Raves. Espèces de plantes ; leur racine.
Rayon. Distance du centre à la circonférence d'un cercle.
Réactif. Corps employé pour produire un phénomène chimique.
Réaction chimique. Phénomène d'où résulte la transformation chimique des corps.
Rechausser une plante. Remettre de la terre à son pied.
Rédhibitoire. Se dit d'un cas qui peut opérer la rédhibition.
Regain. Deuxième coupe des prairies.
Régime alimentaire. Choix des aliments et des boissons ; règlement des repas.
Région agricole. Etendue du territoire où les cultures sont semblables.
Reins. Organes de la sécrétion des urines.
Rendement d'une récolte. Quantité obtenue par hectare.
Repiquage. Action de transplanter les jeunes pousses d'un semis.
Reproduction du bétail. Elevage des jeunes animaux.
Reproducteurs. Animaux choisis pour perpétuer leur race.
Réservoir d'eau. Etang artificiel ; mare.
Résidus de réaction chimique. Corps formés dans cette réaction.

Résines. Produits de certaines plantes, matière des vernis.
Respirable (adj.). Se dit de l'air propre à la respiration.
Respiration. Fonction des animaux, renouvellement de leur sang dans les poumons.
Respiratoire (adj.). De la respiration.
Restitution des engrais. Principe agricole ; rendre à une terre, par les engrais, les éléments de fertilité enlevés par les récoltes.
Riche en engrais (adj.). Se dit d'une terre qui contient des engrais en abondance.
Roche géologique. Couche minérale de même nature sur une grande étendue.
Roche calcaire. Couche de calcaire.
Roche siliceuse. Où la silice domine.
Rotation des cultures. Succession des plantes sur le même terrain.
Rouille. Maladie des céréales. Oxydation des métaux à l'air.
Rouissage. Désagrégation du chanvre ou du lin dans l'eau.
Rouge. Etat d'un métal chauffé au feu de forge.
Rouge-blanc. Température du feu.
Rouleau. Instrument agricole.
Rouleau-irrigateur. Roulant et arrosant.
Roulage. Opération faite avec le rouleau.
Rumen. Partie de la panse des ruminants.
Ruminants. Animaux qui ruminent : bœufs, moutons.
Rumination. Action de ruminer.
Ruminer. Ramener les aliments de la panse dans la bouche pour les mâcher de nouveau.
Rutabaga. Variété de choux-navets.

S

Sable. Grains indélayables dans l'eau.
Sable siliceux. Grains de silice.
Sable calcaire. Grains de calcaire.
Sable feldspathique. Grains de roches primitives.
Sables consistants. Formant mottes.
Sable friables. Ne formant pas motte.
Sables noirs. Imprégnés de terreau.
Sableux. Formé de sable.
Sablo-argileux. Formé de sable et d'argile.

Sablo-calcaire. Formé de sable et de calcaire.
Sablo-humifère. Formé de sable et de terreau.
Sabot. Pied du cheval ou d'autres animaux
Safran. Plante cultivée pour ses fleurs.
Saignée. Evacuation d'une certaine quantité de sang provoquée par un moyen artificiel.
Saillir. Se dit des chevaux et des porcs.
Sain. Terre saine. Ne contenant pas de matières nuisibles à la végétation.
Saindoux. Graisse de porc apprêtée.
Sang. Liquide du corps circulant dans les vaisseaux.
Sanitaire. Qui a rapport à la santé.
Santé. Etat du corps au point de vue de ses fonctions.
Sapinières. Bois de pins et autres arbres verts.
Sarclages. Opérations agricoles pour soigner et désherber les plantes en pleine végétation.
Sarclée. Plantes sarclées. Plantées en lignes et soumises au sarclage.
Sardine. Poisson. Aliment.
Sarrasin. Plante agricole cultivée pour ses graines.
Saucisse. Viande de porc enveloppée dans ses membranes séreuses.
Saucisson. Viande de porc contenue dans ses intestins.
Schiste. Argile calcinée, à l'état d'ardoise
Sec. Terres sèches. Se desséchant rapidement. — **Aliments secs.** Légumes, fruits, etc., desséchés.
Sécrétion. Liquides retirés du sang par les organes spéciaux : foie, pancréas, reins, etc.
Sédiments. Matières des couches géologiques du globe, formées sous l'eau.
Sédiments terreux. Délayables comme la terre arable.
Seigle. Céréale ; ses graines.
Sel (chimie). Composé d'un acide et d'une base.
Sel ammoniac. Chlorhydrate d'ammoniaque formé d'acide chlorhydrique et d'ammoniaque.
Sels ammoniacaux. Sels à base d'ammoniaque et à acide quelconque.
Sels calcaires. Sels à base de chaux.
Sel marin. Sel de cuisine, retiré de la mer, composé de chlore et de sodium.
Sélection. Choix des animaux destinés à la reproduction.
Semailles. Action de semer les plantes agricoles.

Semences. Graines choisies pour être semées.
Semer à la volée. Répandre les semences en les jetant à la main.
Semer en ligne. Répandre les semences en ligne droite.
Semis. Plantes résultant d'une graine semée et destinées à être replantées.
Semoir. Machine à semer les grains.
Séquestrer. Séparer, mettre à l'écart.
Serfouette. Instrument pour désherber.
Sève. Liquide circulant dans les plantes.
Sevrage. Epoque où les petits ne se nourrissent plus du lait de la mère.
Silicates. Sels de l'acide silicique.
Silicate d'alumine. Composé d'acide silicique et d'alumine.
Silicate de potasse. Composé d'acide silicique et de potasse.
Silice. Minéral formé d'acide silicique.
Siliceux. Qui contient de la silice.
Silique. Enveloppe des graines des crucifères.
Sillon. Raie suivie par la charrue.
Siphon. Instrument pour décanter un liquide d'un vase dans un autre.
Soc. Partie de la charrue soulevant la terre.
Sodium. Métal de la soude. Elément du sel de cuisine.
Soies. Poils du porc.
Soins de culture. Opérations faites pour favoriser la végétation d'une plante agricole.
Soins hygiéniques. Donnés aux animaux pour entretenir leur santé.
Sol. Partie supérieure de la terre.
Sol arable. Partie des terres travaillée par la charrue.
Solanées. Famille botanique de la pomme de terre.
Sole. Etendue de terrain consacrée à la culture des plantes agricoles du même groupe, et recevant les différents groupes à tour de rôle chaque année.
Sologne. Contrée agricole, située entre la Loire et le Cher.
Solubilité. Propriété de pouvoir se dissoudre dans un liquide, comme le sucre dans l'eau.
Son. Résidu des farines de céréales provenant de l'écorce du grain.
Soude. Alcali formé de sodium et d'oxygène, base des savons ordinaires.
Soufre. Corps simple, partie inflammable des allumettes.
Source. Origine de l'eau d'une rivière

Eau de source. Eau sortant de terre.
Sous-sol. Partie d'une terre arable située sous celle que la charrue travaille.
Spathes. Paille entourant les épis de maïs.
Stabulation. Etat du bétail restant à l'étable sans pâturer dans les champs.
Statistique. Relevés numériques des produits de l'agriculture ou de l'industrie.
Stéarine. Principe chimique des graisses
Stimulant. Se dit d'un aliment excitant l'appétit.
Stramoine. Plante vénéneuse de la famille des solanées.
Substance. Matière des corps.
Suc. Liquide des animaux et des plantes
Suc gastrique. Sécrétion de l'estomac.
Suc pancréatique. Sécrétion du pancréas.
Suc intestinal. Secrétion des intestins.
Suc laiteux. Secrétion de certaines plantes.
Succulents. Se dit de mets agréables au goût.
Sucrerie. Usine d'extraction du sucre.
Sucres. Principes des plantes semblables au sucre ordinaire.
Suif. Graisse retirée des bœufs et des moutons.
Sulfates. Sels de l'acide sulfurique.
Sulfate d'ammoniaque. Composé d'acide sulfurique et d'ammoniaque.
Sulfate de baryte. Composé d'acide sulfurique et de baryte.
Sulfate de chaux. Composé d'acide sulfurique et de chaux.
Sulfate de cuivre. Composé d'acide sulfurique et d'oxyde de cuivre.
Sulfate de fer. Composé d'acide sulfurique et d'un oxyde de fer.
Sumac. Espèce de plante, riche en tannin.
Superphosphates. Sels résultant de l'action d'un acide sur les phosphates.
Support. Ustensile pour soutenir les appareils de chimie.
Suspension, corps en suspension. Qui se tiennent au milieu d'une masse liquide sans s'y déposer.
Sylviculture. Culture des forêts.
Symptôme. Signe qui indique une maladie.
Système. Idées ou opérations adoptées dans un but déterminé.
Système cultural. Modes et procédés de culture.

T

Tabac. Plante ; son produit.
Talus. Amas de terres entourant une place réservée (la fosse à fumier, par exemple).
Tan. Ecorce de chêne pulvérisée.
Tannin. Matière active du tan.
Tannique (acide). Principe immédiat du tan.
Tardif. Se dit d'un produit agricole mûr après la saison ordinaire.
Tartre. Matière de la lie du vin.
Tas de fumier. Fumier mis en tas pour subir la fermentation.
Tassement d'un sol. Roulage pour comprimer la partie supérieure.
Taureau. Mâle de l'espèce bovine.
Teillage. Opération pour séparer les fibres textiles du chanvre ou du lin.
Teinture de tournesol. Matière colorante bleue retirée de cette plante.
Tempérament. Constitution vitale du corps.
Température. Degré de chaleur d'un corps.
Ténacité. Propriété d'une terre de retenir les racines attachées.
Tendon. Cordon fibreux, blanchâtre qui termine les muscles et sert à les attacher aux os.
Ternaire (chimie). Composé ternaire. Formé de trois éléments.
Terrain. Etendue de terre limitée et caractérisée.
Terrain (géologie). Couches de sédiments du globe formées à la même époque.
Terrassement. Transport de terre.
Terreau. Matières organiques en voie de décomposition dans la terre.
Terreautage. Apport de terres riches en terreau, dans un champ cultivé.
Terres. Matières délayables dans l'eau.
Terres arables. Couches supérieures de la terre propres à la culture.
Terres fortes. Demandant beaucoup de force pour être cultivées (glaises).
Terres légères. Donnant peu de tirage (sableuses ou calcaires).
Terres franches. Saines et favorables à la culture.
Terres à blé, à luzerne, etc. Favorables à la culture de ces plantes.
Terres noires, blanches, etc. Ayant cette couleur.

4**

Terres de bruyère. Terrain où ont longtemps végété des bruyères.
Terres de lande. Depuis longtemps incultes.
Terres de jardin. Engraissées par le jardinage.
Terres glaises. Très-argileuses; plastiques, propres à faire des poteries.
Terre végétale. Terre engraissée et cultivée, propre à la végétation.
Textiles. Se dit des plantes qui fournissent la matière des tissus.
Tige. Partie des plantes.
Tinctorial. Propre à la teinture.
Tissus organiques. Trames des organes des animaux.
Tissu cellulaire. Où dominent les cellules (peau).
— *fibreux.* Où dominent les fibres (chair).
— *séreux.* Contenant la graisse.
— *nerveux.* Contenant la matière nerveuse.
— *osseux.* Des os.
Titré. Voyez *Liqueurs titrées.*
Toit. Habitation des porcs.
Tôle. Fer en lame.
Tombereau. Charriot planchéié, employé dans les fermes.
Tonique. Fortifiant pour les organes intérieurs.
Tonne. Gros tonneau pour porter l'eau aux champs; poids de 1000 kilogrammes.
Topinambour. Plante cultivée pour ses tubercules et son feuillage.
Topographie. Rapport de position des surfaces d'un vaste terrain.
Tourbe. Amas de débris de plantes à demi décomposées.
Tourbière. Marécage contenant de la tourbe.
Tournesol. Plante fournissant une couleur employée par les chimistes (voyez *Teinture.*)
Tourteau. Résidu des graines oléagineuses soumises à la presse.
Trachée. Canal qui porte l'air aux poumons.
Traits. Cordes ou chaînes des attelages.
Tranchées. Coliques, maladie des animaux.
Transpiration. Sécrétion de la peau; sueur; gaz et vapeurs exhalés par les poumons et par la peau.
Trèfle. Plante de prairies (légumineuse).
— *violet.* A fleurs violettes.

Trèfle incarnat. A fleurs rouges.
Trez. Sable de mer employé comme engrais.
Truie. Femelle du porc.
Tubes en verre, employés en chimie pour conduire et recueillir les gaz.
Tubes entonnoirs. Terminés par un entonnoir pour verser les liquides.
Tubercule. Partie souterraine d'une tige où s'accumulent des produits féculents. Ex: pommes de terre.
Turneps. Espèce de raves.
Tuyau de drainage (voyez *Drain*).
Tympanite. Gonflement de l'abdomen causé par des gaz dans le canal intestinal.

U

Usines agricoles. Établissements où on retire, des produits de la terre, des matières utiles: fécules, sucre, eau-de-vie.

V

Vache laitière. Fournissant du lait.
Vache grasse. Mise à l'engrais.
Vacher. Homme soignant les vaches.
Valeur agricole. Importance ou prix pour l'agriculture.
Van. Instrument de nettoyage des grains.
Vannage. Séparation des pailles du grain.
Vannes. Eaux vannes; eaux chargées de déjections humaines.
Vapeurs. État gazeux des liquides.
Veau. Petit de la vache.
Végétal. Plante.
Végétation. Vie des plantes; fonction qu'elles accomplissent pendant leur développement.
Veine. Les veines sont les conduits naturels du sang noir.
Vêler. Faire veau.
Vers. Animaux.
Vers blancs. Larves de hanneton.
Versoir. Partie de la charrue renversant la terre soulevée par le soc.
Vert. Aliment, prairies non fanées.
Vesce. Plante agricole, légumineuse.
— d'hiver. Semée avant l'hiver.
— de printemps. Semée au printemps.
Vétérinaire. Médecin des animaux domestiques.

Vessie. Organe, réservoir des urines.
Vif. Poids vif. Poids d'un animal vivant.
Vidanges. Déjections de l'homme retirées des fosses d'aisances.
Vides. Places restant entre les plantes, assez grandes pour recevoir d'autres plantes.
Vin. Boisson fermentée de raisin.
Vinaigre. Vin fermenté devenu acide.
Violettes. Plante. *Sirop de violettes.* Extrait des violettes ; couleur verdissant par l'action des alcalis.
Viscères. Organes intérieurs, tels que cœur, foie, etc.
Viticulture. Art de cultiver la vigne.
Vitriol. Sulfate de cuivre.
Vitriolage. Préparation des semences de blé au moyen du vitriol.

Volailles. Oiseau de basse-cour.
Volée. Semailles à la volée. Semences jetées à la main.
Vrilles. Excroissance des tiges, s'enroulant autour des supports.

Y

Yeux. Bourgeons des plantes.

Z

Zoologie. Etude des animaux.
Zoologiste. Savant s'occupant de zoologie.
Zootechnie. Art d'élever, de soigner les animaux et de les diriger afin d'en obtenir la plus grande somme de bénéfices.

TABLE DES MATIÈRES.

	Pages
PRÉFACE.	5
Mission des Elèves sortant des Fermes-Écoles.	8

PREMIÈRE PARTIE.

Classification des animaux domestiques.	11
Organisation des animaux domestiques.	12

CHAPITRE I.

Du squelette.	12
Des muscles.	16

CHAPITRE II.

Des animaux domestiques à l'état de santé.	17
Extérieur.	17
Avant-main.	18
Du corps.	32
De l'arrière-main.	36
Du pied.	
Son organisation, ses beautés et ses défectuosités.	31

CHAPITRE III.

Tares osseuses et maladies des membres. 40

CHAPITRE IV.

Age. 46

Age du cheval. 47
Age de l'âne et du mulet 49
Age du bœuf. 49
Age du mouton et de la chèvre. 51

CHAPITRE V.

De la ferrure. 52

Ferrure du cheval. 53
Ferrure de l'âne et du mulet. 55
Ferrure du bœuf. 56

SECONDE PARTIE.

CHAPITRE I.

Hygiène générale des animaux domestiques. . . 57

Logement des animaux. 59
Pansage. 62
Nourriture. 63
Du travail. 67
Choix des chevaux pour le travail. 71
Choix des bêtes à cornes pour le travail. 74
Choix des animaux destinés à l'engraissement. . . 75
Choix des vaches laitières. 80

CHAPITRE II.

Pages.

Premiers soins à donner aux animaux malades. . 82

De la saignée. 83
Claudications ou boiteries. . . . , ... 87

Maladies des organes digestifs. . . . 89

Indigestion. 90
Indigestion des ruminants, tympanite. 91
Maladie des bois. 92
Ictère ou jaunisse. 93
Corps étrangers dans l'œsophage. 93
Rétention d'urine. 94
Fièvre aphtheuse (ou cocotte). 95
Mesures de police sanitaire. 96

Maladies des organes de la respiration. . 96

Gourme du cheval. 97
Pleuro-pneumonie. 98
Morve. 99
Mesures de police sanitaire. 99

Soins hygiéniques à donner aux femelles pleines. 100

Durée de la gestation chez les femelles domestiques. . 100
Soins de la mère pendant le part. 102
Fièvre vitulaire ou laiteuse. 102

CHAPITRE III.

Des robes ou poils. 103

Robes du cheval. 104
Robes du bœuf. 108

CHAPITRE IV.

Définition des vices rédhibitoires. . . . 109

Loi concernant les vices rédhibitoires. 110
Mode de procéder devant les tribunaux. 113

DICTIONNAIRE AGRICOLE ET VÉTÉRINAIRE. 114

FIN DE LA TABLE.

POITIERS. — TYPOGRAPHIE DE H. OUDIN FRÈRES.

www.ingramcontent.com/pod-product-compliance
Lightning Source LLC
Chambersburg PA
CBHW060155100426
42744CB00007B/1039